Markus Hirsch

Rudolf Mack
Dieter Volpert

W0388012

# Der Mann aus Nazareth – Jesus Christus

Oberstufe Religion
Herausgegeben von Eckhart Marggraf und Eberhard Röhm
Materialheft 7

Calwer Verlag Stuttgart

# INHALT




ISBN 3-7668-0690-4
7., völlig neu bearbeitete Auflage 1993


© 1993 by Calwer Verlag Stuttgart. Alle Rechte vorbehalten.
Die Vervielfältigung auch einzelner Teile, Texte oder Bilder – mit Ausnahme der in §§53, 54 UrhG ausdrücklich genannten Sonderfälle – gestattet das Urheberrecht nur, wenn sie mit dem in der Quellenangabe genannten Verlag bzw. Rechtsinhaber vorher vereinbart wurde.


Umschlaggestaltung: Hans-Eduard Franke, Stuttgart
Titelfoto und letzte Seite: Tom Bentkowski, Time Magazine 5/1988
Satz und Layout: Textop GmbH, Trier
Gesamtherstellung: Offizin Chr. Scheufele, Stuttgart

# 1 JESUS IM ALLTAG EINER GROSSSTADT

*Foto: James Nachtwey / Time Magazine 25/90*

**Aufgabe**

- Fassen Sie Ihre Eindrücke vom obigen Foto zusammen!

Vor zweitausend Jahren sagte Jesus:

»Ihr wißt, daß die Herrscher ihre Völker niederhalten und die Mächtigen ihnen Gewalt antun. So soll es nicht sein unter euch...« (Mt 20,25f)

»Und richtet nicht, so werdet ihr auch nicht gerichtet. Verdammt nicht, so werdet ihr nicht verdammt. Vergebt, so wird euch vergeben. Seid barmherzig, wie auch euer Vater barmherzig ist.« (Lk 6,37.36)

# 2 DIE GOLDENE REGEL JESU IN DER UNO

Im Konferenzgebäude der **Vereinten Nationen** in New York befindet sich ein großes Wandmosaik, das der amerikanische Künstler **Norman Rockwell** zum Thema der Goldenen Regel Jesu gestaltet hat (s. Seite 5). Daß gerade dieses Wort Jesu in der UNO künstlerisch zur Geltung kommt, hat seinen Grund nicht zuletzt darin, daß die Goldene Regel eine lange menschheitsverbindende Geschichte hat: Jesus sieht in ihr die ethische Gesamtbotschaft der israelitisch-jüdischen Tradition einschließlich der von ihm proklamierten Feindesliebe zusammengefaßt (Mt 7,12; Lk 6,31). Die Goldene Regel war jedoch schon lange vor Jesus als Spitzensatz und Paradebeispiel der antiken Erfahrungsweisheit – sei es positiv oder negativ – formuliert. Der griechische Philosoph **Thales** (um 600 v.Chr.) hat auf die Frage nach der besten Lebensführung geantwortet: »Wenn wir selbst nicht tun, was wir anderen übelnehmen.« Der chinesische Weise **Konfuzius** (um 500 v.Chr.), gefragt, nach welcher Maxime man das ganze Leben hindurch handeln könne, führt das Prinzip der Gegenseitigkeit an: »Was du selbst nicht wünschst, das tue keinem anderen an.«

In dem Märchen vom Weisen **Achikar,** das im gleichen Jahrhundert in Babylon und Ägypten erzählt wurde, sagt der König Sanherib zu Naddan ben Achikar: »Mein Sohn, was dir schlecht scheint, sollst du deinem Genossen nicht antun.«

In den Kindheitstagen Jesu oder noch früher belehrte Rabbi **Hillel** einen Heiden, der zum Judentum übertreten wollte. Der Mann wünschte eine klare und schnelle Antwort, nicht länger dauernd, als er selbst auf einem Bein stehen konnte. Er bekam sie von Hillel: »Was dir verhaßt ist, tue keinem anderen. Das ist das ganze Gesetz. Alles andere ist nur Kommentar dazu.« Jesus hatte also Vorgänger, die wie er selbst mit der sogenannten „Goldenen Regel" argumentierten. Und er hatte viele Nachfolger. Nach der **Hadith** (Sammlung von Aussprüchen und Lebensgewohnheiten Muhammads) schärfte der Prophet seinen Anhängern ein: »Wünsche den Menschen, was du dir selbst wünschst, so wirst du ein Muslim.«

Im europäischen Mittelalter und noch später bei den Philosophen der **Aufklärung** bleibt die Goldene Regel stets ein privates und öffentliches Regulativ, eine verbindliche Faustregel, die Raum läßt für die jeweils eigene, freie Entscheidung. Eine solche Verhaltensrichtlinie drückt beispielhaft die elementare Einsicht des Menschen in die Gegenseitigkeit seines Verhältnisses zu anderen Menschen aus. Sie beinhaltet zugleich Klugheit und Fairness.

Menschen aller Religionen und Weltanschauungen konnten und können sich darum der Goldenen Regel bedienen. In zahlreichen Sprachen der Welt wird sie durch die Jahrhunderte zum verbreiteten Sprichwort.

**»Was du nicht willst, das man dir tu, das füg auch keinem andern zu.«**

**»Quod tibi fieri non vis, alteri non feceris.«**

**»Do unto others as you would have them do unto you.«**

• (vgl. Mosaik von Norman Rockwell, Seite 5)

*»Und wie ihr wollt, daß euch die Leute tun sollen, so tut ihnen auch!«*
*(Lk 6,31)*

*Foto: Volker Hinz / STERN*

Das Foto zeigt, wie eine schwarze UNO-Führerin Schülerinnen und Schülern das Mosaik „The Golden Rule" von Norman Rockwell erklärt: Menschen der unterschiedlichsten Nationalitäten, Religionen und Kulturen sind verbunden durch die Worte des Lukas-Evangeliums (6,31): »Do unto others as you would have them do unto you.« Es waren diese schlichten Worte Jesu, die – um nur ein Beispiel zu nennen – Quäker und Methodisten im 18. Jh. in ihrem Kampf gegen die Sklaverei bestimmten. Sie gingen mit guten Beispiel voran und waren ihrer Zeit weit voraus.

# 3 »JESUS VON MONTREAL« Ein Film von Denys Arcand

Der kanadische Regisseur Denys Arcand hat einen der ungewöhnlichsten Jesusfilme der letzten Jahre gedreht, „Jesus von Montreal", der auch als Video in Medienstellen und Videotheken ausgeliehen werden kann.

**INHALT:** Daniel Coulombe, ein junger talentierter Schauspieler in Montreal, erhält von Pater Leclerc den Auftrag, sein alljährlich im Freien stattfindendes Passionsspiel zu modernisieren. Daniel findet seine vier Darsteller in den verschiedensten Milieus, studiert die neuesten Ergebnisse aus Exegese, Archäologie, Geschichtswissenschaft und Kunstgeschichte und macht sich daran, eine völlig veränderte Inszenierung vorzubereiten. Die Aufführung wird beim Publikum zum grandiosen Erfolg; doch Pater Leclerc ist über die für ihn einseitige, historisch-kritische Interpretation der Evangelien empört. Er unterbindet nach Rücksprache mit seinem Vorgesetzten weitere Aufführungen: in seiner Kirche sei Sonntag für Sonntag das ganze Elend der Welt versammelt; Menschen, die an ihrer Einsamkeit zerbrechen, wollten nicht über die neuesten Entdeckungen der Archäologie informiert werden, sondern hören, daß der Sohn Gottes sie liebe und daß ihnen, die sich keinen Psychiater leisten könnten, verkündet werde, daß ihre Schuld vergeben ist.

Die Medien- und Kulturindustrie, inzwischen auf das neue Talent Daniel Coulombe aufmerksam geworden, lockt diesen mit lukrativen Angeboten. Doch Daniel ist nur an der Fortsetzung des Stücks interessiert und erreicht eine weitere Aufführung, die dann von einem massiven Polizeiaufgebot unterbrochen wird. Während der Kreuzigungsszene bricht ein Tumult aus, und Daniel wird schwer verletzt. In der überfüllten Notaufnahme, wo sich kaum jemand um den Schwerverletzten kümmert, erholt sich Daniel scheinbar, verläßt das Krankenhaus und bricht kurz darauf in der U-Bahn zusammen. Der sehr um ihn bemühte Arzt eines jüdischen Krankenhauses kann nach einem Gehirntrauma nur noch den Tod feststellen; seine Organe verhelfen jedoch Kranken zu neuem Leben.

*Daniel bei der Regiearbeit*

**AUSSAGE:** „Jesus von Montreal" gibt zwei filmisch deutlich getrennte Ebenen vor: die Geschichte des Schauspielers Daniel und die Inszenierung seines Passionsspiels auf einem Hügel über der Skyline von Montreal.

Das Passionsspiel ist eine Annäherung an den Jesus der Evangelien; die Geschichte Daniels ist eine Konfrontation der Gegenwart mit der Botschaft Jesu. Beide Ebenen laufen zunächst nebeneinander her, berühren sich dann aber im Verlauf des Films immer stärker. Wenn Daniel aus Zorn über die Erniedrigung der Schauspielerinnen durch einen Werbefilm-Produzenten das Filmstudio demoliert oder von einem Karriere-Manager verführerisch die Stadt zu Füßen gelegt bekommt, sind Parallelen zu den Evangelien unübersehbar. Arcand entgeht jedoch der Gefahr, Daniel als „modernen Jesus" zu stilisieren: Daniel verkörpert zwar zusehends die Sache Jesu, jedoch als eigene Identität und aus eigener Betroffenheit heraus. (nach KEH, epd Film 2/90)

### Aufgabe

Notieren Sie Ihre ersten Eindrücke über diesen Film für den Fall, daß Sie den Film im Unterricht oder privat sehen konnten:

- Was hat Ihnen gefallen (Einzelszenen, Personen, Dialoge)?
- Was hat Ihnen weniger gefallen?
- Was ist Ihnen unklar geblieben und welche Fragen haben Sie?
- Was ist die „Sache Jesu", mit der sich Daniel Coulombe zusehends identifiziert?

**Der Regisseur Denys Arcand in einem Interview:** »Von allen weisen Worten, die im Verlauf der Geschichte gesagt und geschrieben worden sind, von Sokrates, Plato über Buddha bis zu Mohammed usw., sind die Worte Jesu für mich die wichtigsten, obwohl sie nicht sehr zahlreich sind. Heißt das nun gläubig oder nicht gläubig sein? Ich weiß es nicht. Diese Worte sind für mich jedenfalls wesentlich und werden mich bis zu meinem Tod begleiten.«
(Interview mit F. Ulrich in: zoom H. 16/1989, S. 13)

*Szenenfotos aus „Jesus von Montreal", Concorde Film*

*Daniel - Lothaire Bluteau*
*Mireille - Catherine Wilkening*

*Gefangennahme Jesu*

*Daniel setzt sich für die Schauspielerin Mireille ein.*

# 4 DIE SCHWIERIGKEIT, EINE BIOGRAPHIE JESU ZU SCHREIBEN

*Albert Schweitzer als Dozent an der theologischen Fakultät der Universität Straßburg, 1912*

**Christoph Burchard** über die Anfänge des Christentums:

Wie die meisten antiken Menschen hat Jesus von Nazareth nichts hinterlassen, was man besichtigen kann. Er hat auch nichts geschrieben oder diktiert. Kein Augen- oder Ohrenzeuge spricht noch direkt zu uns. Wir kennen Jesus im wesentlichen durch die Wirkung der Wirkung, die er auf Menschen hatte. Er gewann unter seinen Landsleuten Jünger und Anhänger, die mit ihm zusammen das bildeten, was man heute gern Jesusbewegung nennt, und die nach seinem Tod so oder so, in Palästina und bald auch außerhalb, seine Sache weiterführten. Mit anderen Worten, wir kennen Jesus nur durch die Geschichte des Urchristentums. Zu ihr gehört, daß sich Überlieferung von Worten, Taten und Schicksal Jesu bildete und dazu benutzt wurde, um in seinem Namen zu wirken, missionarisch und auch zur Begründung und Regelung des eigenen Lebens und Denkens. Die Jesusüberlieferung ist nach Meinung der meisten Forscher einige Jahrzehnte lang im wesentlichen mündlich gewesen, und zwar so, daß Jesusgeschichten und Jesusworte einzeln oder in Gruppen weitergegeben wurden. Bücher, die den ganzen Jesus zu erfassen versuchten, wurden wohl frühestens in den sechziger Jahren des 1. Jahrhunderts geschrieben. Erhalten sind davon vor allem die vier Evangelien nach Matthäus, Markus, Lukas und Johannes. Sie sind unsere Hauptquelle für die Jesusüberlieferung, vor allem die ersten drei, die stark parallel laufen und deshalb Synoptiker heißen... Eine Biographie Jesu läßt sich nicht schreiben. Größe und Augenfarbe sind nicht überliefert. Entwicklung, Persönlichkeit, inneres Leben sind kaum noch faßbar. Was wir erfassen können, sind neben vielen Einzelheiten erstens der zeitliche und örtliche Umriß seines öffentlichen Wirkens, das mit seinem Tod endete, zweitens sein Ziel und die typischen Züge seines Vorgehens, drittens seine Wirkung.

Christoph Burchard in:
Die Anfänge des Christentums. Alte Welt und Neue Hoffnung, Kohlhammer, Stuttgart / Berlin / Köln / Mainz 1987, S. 12-13

**Albert Schweitzer** faßte 1906 das Ergebnis der Leben-Jesu-Forschung, die versucht hatte, eine von kirchlichen „Übermalungen" befreite Biographie Jesu zu schreiben, so zusammen:
»Sie zog aus, um den historischen Jesus zu finden, und meinte, sie könnte ihn dann, wie er ist, als Lehrer und Heiland in unsere Zeit hineinstellen. Sie löste die Bande, mit denen er seit Jahrhunderten an den Felsen der Kirchenlehre gefesselt war, und freute sich, als wieder Leben und Bewegung in die Gestalt kam und sie den historischen Menschen Jesus auf sich zukommen sah. Aber er blieb nicht stehen, sondern ging an unserer Zeit vorüber und kehrte in die seinige zurück. Das eben befremdete und erschreckte die Theologie der letzten Jahrzehnte, daß sie ihn mit allem Deuteln und aller Gewalttat in unserer Zeit nicht festhalten konnte, sondern ihn ziehen lassen mußte. Er kehrte in die seine zurück mit derselben Notwendigkeit, mit der das befreite Pendel sich in seine ursprüngliche Lage zurückbewegt.«
Um Jesus zu kennen und zu erfassen, bedarf es nach Schweitzer »jedoch keiner gelehrten Bevormundung. Es ist auch nicht erforderlich, daß der Betreffende die Einzelheiten der öffentlichen Wirksamkeit Jesu begreife und sie sich zu einem ,Leben Jesu' zusammenstellen könne. Sein Wesen und das, was er ist und will, drängt sich ihm schon aus einigen lapidaren Aussprüchen auf.«

Albert Schweitzer, Geschichte der Leben-Jesu-Forschung, J.C.B. Mohr, Tübingen [6]1951 (= 2. Auflage 1913), S. 631f. 634

# *Größe und Augenfarbe sind nicht überliefert*

Die Filmregisseure Denys Arcand und Franco Zeffirelli haben sehr unterschiedliche Jesusfilme gedreht. Die folgenden Szenenfotos sind typisch: Arcand aktualisiert die Jesus-Thematik für unsere heutige Zeit. Zeffirelli verfilmt mit realistischen Stilmitteln die Evangelientexte.

*In Anlehnung an die Versuchung Jesu (Mt 4,8ff) unternimmt ein Karrieremanager den Versuch, Daniel Coulombe zu überreden, seine Jesus-Rolle zu vermarkten:*

*„Jesus ist absolut in Mode. Ihnen könnte die Stadt gehören."*

*Daniel lehnt entschieden ab.*

*Dämonenaustreibung in Zeffirellis Film „Jesus von Nazareth", aus: F. Zeffirelli & W. Barclay, Jesus von Nazareth, 1978, S. 110, Harper Collins Publishers, London*

**Aufgabe**

- Welche Konsequenz hat die Leben-Jesu-Forschung für unser Jesusbild ?

## *Der biblische Christus hat ungleich viel mehr gewirkt als der historische Jesus*

**Heinz Zahrnt, Theologe und Publizist, in einem weit verbreiteten Sachbuch über das Leben Jesu:**

Wie ein Restaurator behutsam eine Übermalung nach der anderen entfernt, um das ursprüngliche Bild wieder freizulegen, so suchte die kritische Leben-Jesu-Forschung eine Überlieferungsschicht nach der anderen abzutragen, um unter der kirchlichen Übermalung wieder den ursprünglichen Jesus zu entdecken. Mit dem durch solche Reduktion wiederhergestellten, vermeintlich „echten" Bild von der Person und Lehre Jesu hoffte man, eine unanfechtbare Grundlage für den gegenwärtigen Glauben zu gewinnen. Aber das Unternehmen der Leben-Jesu-Forschung ist gescheitert, und zwar sowohl historisch wie auch theologisch.
Historisch ist die Leben-Jesu-Forschung gescheitert, weil die neutestamentlichen Evangelien weder ihrer Absicht noch ihrem Umfang nach den Stoff zu einer Biographie hergeben. Sie wollen kein „Leben Jesu" bieten, sondern wollen seine Worte und Taten als Gottes Offenbarung und Heil verkündigen. Darum legen sie auch keinerlei Wert auf historische Genauigkeit und biographische Vollständigkeit. Schon die älteste Überlieferungsschicht vermittelt kein neutrales historisches Bild von Jesus, sondern ist vom Glauben an ihn geprägt und in den Glanz der Osterereignisse getaucht. Eine vom Glauben freie Überlieferungsstrecke hat es nie gegeben.
Theologisch mußte die Leben-Jesu-Forschung scheitern, weil sie den Versuch unternahm, den Glauben aus der Geschichte zu begründen, indem sie das Ergebnis einer historischen Rekonstruktion, eben den sogenannten „historischen Jesus", zum Gegenstand gegenwärtigen Glaubens erhob. Damit wurde der Historie nun doch wieder das Unmögliche abgefordert, daß sie heutige Wahrheit und sogar heutigen Glauben begründen sollte – als ob Lessing niemals geschrieben hätte: »Zufällige Geschichtswahrheiten können der Beweis von ewigen Vernunftswahrheiten nie werden«, und wiederum: »Wann wird man aufhören, an den Faden einer Spinne die ganze Ewigkeit aufhängen zu wollen?« Historische Forschung, mag sie auch noch so exakt sein, kann keinen Glauben begründen und historisches Wissen, mag es auch noch so gesichert sein, keine Gewißheit verleihen. Auf historische Resultate hin kann niemand leben und sterben! ... Was von der Leben-Jesu-Forschung als wichtigstes Resultat bleibt, ist ihr negativer Ertrag: Es ist nicht möglich, ein Leben-Jesu zu schreiben, nicht, weil es grundsätzlich verboten wäre, über Jesus genauso eine Biographie zu verfassen wie über Paulus, Augustinus, Luther oder Goethe, sondern weil die Quellen dies praktisch nicht ermöglichen. Das ist in der Theologie heute allgemeine Überzeugung.

Der entscheidende Fortschritt über die Leben-Jesu-Forschung hinaus bestand im rücksichtslosen Ernstnehmen der Tatsache, daß Jesus nur im „Kerygma", im Glauben und Verkündigen der Gemeinde, begegnet und dieses daher die letzte für uns erfaßbare historische Größe bildet.

Mögen wir uns historisch noch so weit zurücktasten, von allem Anfang an ist die Überlieferung der Gemeinde von Jesus durch den Glauben geprägt und sind darum Bericht und Bekenntnis, Erzählung und Deutung in ihr zu einer unauflöslichen Einheit verwoben...
Das wahrhaft Geschichtliche an einer bedeutenden Gestalt ist die persönliche Wirkung, die der Nachwelt spürbar von ihr bleibt. Fraglos hat der „biblische Christus" in der Geschichte des Christentums, ja der Menschheit, unvergleichlich mehr gewirkt als der „historische Jesus". Wiederum aber wäre die Verkündigung des biblischen Christus niemals zu einer so bedeutungsvollen geschichtlichen Wirkung gelangt, wenn hinter ihr nicht von Anfang an, als Ursprung und bleibende Kraft, die einzigartige, machtvolle Persönlichkeit Jesu selbst gestanden hätte.

Heinz Zahrnt, Jesus aus Nazareth. Ein Leben, Verlag R. Piper & Co, München/Zürich 1987, Seite 227 ff.

*»Wie ein Restaurator behutsam eine Übermalung nach der anderen entfernt, um das ursprüngliche Bild wieder freizulegen…«*

*Die Restaurierung des „Abendmahls“ von Leonardo da Vinci, Foto: O. Louis Mazzatenta, National Geographic Magazine (11/83)*

**Ernst Käsemann, ein bedeutender theologischer Lehrer des 20. Jhdt., schreibt:**

Das Problem des historischen Jesus ist nicht unsere Erfindung, sondern das Rätsel, das er selber uns aufgibt. Der Historiker mag dieses Rätsel feststellen, aber er löst es nicht. Gelöst wird es allein von denen, die seit Kreuz und Auferstehung ihn als den bekennen, der er irdisch nicht zu sein beanspruchte und doch schon wurde, nämlich als ihren Herrn und den Bringer der Freiheit der Gotteskinder, welche das Korrelat der Gottesherrschaft ist.

Ernst Käsemann, Das Problem des historischen Jesus, in: Exegetische Versuche und Besinnungen, Bd. 1, Tübingen 1964, S. 213 f.

# 5 JESUS IM PERSÖNLICHKEITSTEST GEHT DAS?

Wenn es nur die sechs im Fragebogen genannten Texte über Jesus gäbe, welches Bild ist daraus über ihn zu gewinnen in Bezug auf

- sein soziales Verhalten
- seine Überzeugungen und innere Einstellung
- seinen Glauben
- seine Ethik?

Hätte sich dann Ihrer Meinung nach die christliche Religion und Kirche überhaupt entwickeln können?

## Auswertung des Fragebogens

Die höchste Punktzahl ergibt den **Haupttyp**,
die zweithöchste den **Sekundärtyp** der Persönlichkeit.

- Summe aller a-Punkte __________
  **Tatmensch:** impulsiv, beweglich, erfolgsbetont
- Summe aller b-Punkte __________
  **Gefühlsmensch:** unternehmungslustig, herzlich, nicht immer berechenbar
- Summe aller c-Punkte __________
  **Denktyp:** planvoll, ordnungsliebend, sorgfältig
- Summe aller d-Punkte __________
  **Intuitiver Typ:** phantasievoll, ungeduldig, kompromißlos

**Aufgabe**

- Vergleichen Sie Ihr Ergebnis mit den Erkenntnissen der internationalen Evangelienforschung (ab S. 14)

## Fragebogen

Schreiben Sie eine 4 vor die Aussage, die Ihrer Meinung nach am ehesten auf Jesu Verhalten oder Aussage zutrifft; eine 3 vor das Nächstzutreffende, eine 2 und 1 vor das weniger Zutreffende.

**1** Lukas 15,1-2.11-32: Ein Grund zum Feiern!
Ich halte Jesus für

- ❑ a) praktisch
- ❑ b) gefühlsbetont
- ❑ c) scharfsinnig
- ❑ d) geistig orientiert.

**2** Markus 2,23-28: Gesetze sollen für den Menschen da sein und nicht der Mensch für die Gesetze.
Jesus sieht seine Tätigkeit

- ❑ a) so, daß sie auf Erfolg aus ist;
- ❑ b) als sinnvoll, wenn er Menschen eine neue Einsicht vermittelt;
- ❑ c) als gut, wenn sie gründlich geplant ist;
- ❑ d) als befriedigend, wenn etwas Neues entsteht.

**3** Lukas 10,25-37: Weil er gebraucht wurde, blieb er da. Da die Lebenszeit kurz und kostbar ist, möchte er, daß

- ❑ a) jeder Tag als wichtig angesehen wird;
- ❑ b) auch andere etwas von seinem Tun haben;
- ❑ c) man alles gründlich plant und danach handelt;
- ❑ d) Vorsorge für die Zukunft trifft.

**4** Matthäus 9,9-13: Jesus sucht Gemeinschaft mit Menschen am Rande.
Er empfindet vermutlich Befriedigung, wenn er

- ❑ a) mehr erreicht, als er vermutet hat;
- ❑ b) einem Mitmenschen helfen kann;
- ❑ c) ein Problem durch reines Nachdenken löst;
- ❑ d) eine Idee mit einer anderen logisch verknüpfen kann.

**5** Johannes 8,3-11: Jesus gibt einer Frau eine Chance der Bewährung.
Es freut ihn vermutlich, wenn andere meinen, er sei

- ❑ a) ein Mensch, der etwas erreicht hat im Leben;
- ❑ b) verständnisvoll und menschlich;
- ❑ c) ein Mensch mit klarem Programm;
- ❑ d) ein gebildeter Mensch mit weitem Horizont.

**6** Markus 12,13-17: Über das Verhältnis zum Staat.
Wenn er von anderen kritisiert oder unter Druck gesetzt wird,

- ❑ a) reagiert er sofort mit Worten oder Taten;
- ❑ b) handelt er gefühlsbetont;
- ❑ c) ist er voller Kritik gegen die anderen;
- ❑ d) zieht er sich in seine eigene Gedankenwelt zurück.

# 6 CHRISTUSBILDER IN DER KUNST

• Sind die vier psychologischen Typen auf diese Bilder übertragbar?

*Äthiopische Handschrift, 10. Jh.*

*Emil Nolde, Abendmahl (Ausschnitt), 1909*
*© Nolde-Stiftung Seebüll*

*José Clemente Orosco, Mexico, 20 Jh.*

*Cima da Conegliano, 1500*

# 7 ERGEBNISSE DER INTERNATIONALEN JESUSFORSCHUNG

Obwohl es nicht mehr möglich ist, eine Biographie Jesu zu schreiben, läßt sich doch mit den Mitteln der Geschichtswissenschaft, die heute von evangelischen, katholischen, jüdischen und humanwissenschaftlichen Forschern in gleicher Weise angewendet werden, ein ungefähres Bild vom Wirken Jesu gewinnen.

Als **historisch sicherstes Ereignis** erweist sich **die Kreuzigung Jesu** durch die Römer, die aller Wahrscheinlichkeit nach am 7. April des Jahres 30 unserer Zeitrechnung stattfand. Wahrscheinlich ist auch, daß Jesus noch vor dem Jahr 1 geboren wurde, denn dieses Jahr ist erst später durch die nicht ganz sicheren Berechnungen eines christlichen Gelehrten festgelegt worden, was natürlich heute nicht mehr zu ändern ist!

**Jesus ist zwischen 30 und 40 Jahre alt geworden** und war, gemessen an der Lebenserwartung der damaligen Zeit, kein junger Mann mehr (Joh 8,57). Sein öffentliches Auftreten dauerte ein Jahr. Die Annahme einer dreijährigen Wirksamkeit im Johannesevangelium ist wenig wahrscheinlich.

Über Jesu Äußeres wird in den Evangelien nichts gesagt. Hier lagen wohl keine Auffälligkeiten vor. Mumienporträts von Juden und Orientalen aus Ägypten und Bilder von Juden auf zeitgenössischen römischen Münzen, die Kriegsgefangene darstellen, zeigen bärtige Mittelmeertypen. So etwa könnte Jesus ausgesehen haben.

**Er war Jude,** dies wurde nur von modernen Rassefanatikern bestritten: der NS-Ideologe Alfred Rosenberg »arisierte« ihn, indem er ihm eine syrische Mutter und einen römischen Vater andichtete. Der Name Jesus kam im Judentum auch sonst häufig vor und heißt zu deutsch »Jahwe hilft« oder »Gotthilf«.

Sein **Vater war Bauhandwerker** und/oder Zimmermann. Jesus hat, wie es in seiner Umwelt üblich war, den gleichen Beruf ergriffen (Mk 6,3; Mt 13,55; Joh 6,42). Der **Heimatort Jesu war Nazareth;** Bethlehem könnte Geburtsort gewesen sein und spielte vor allem für die Abstammung Jesu von David eine Rolle. Vier Brüder und mehrere Schwestern Jesu werden in den Evangelien genannt. Eine glaubwürdige Überlieferung aus viel späterer Zeit berichtet, die Nachkommen der Verwandten Jesu hätten noch Anfang des 2. Jahrhunderts ein ärmliches Handwerker- und Bauerndasein geführt und bei einer politischen Überprüfung durch die Römer auf die Schwielen an ihren Händen gezeigt, kein Zeichen aristokratischer Herkunft! **Jesus hat als Muttersprache Aramäisch gesprochen** und war imstande, die hebräische Bibel mühelos zu lesen (Lk 4,16ff.). Daneben konnte er sich, wie viele Palästinajuden, wohl auch im Griechischen ausdrücken, was in jener Zeit die Verkehrs- und Handelssprache im Mittelmeergebiet war. Möglicherweise verstand er auch etwas vom Latein der Römer.

Im Jahre 28 unserer Zeitrechnung entstand in Judäa die **Buß- und Taufbewegung des Johannes** mit dem Ziel der inneren und äußeren Umkehr noch vor dem erwarteten großen Weltgericht. Wie viele andere **hat sich** Jesus dieser Bewegung angeschlossen und **von Johannes taufen lassen.** Viele Forscher nehmen an, daß im Zusammenhang damit Jesus dann sein entscheidendes Berufungserlebnis gehabt hat, auf das er sich jedoch nie berief. Wie das geschah, läßt sich nicht beschreiben. Die Erzählung von diesem Ereignis hat die Form eines Visionsberichtes und spielt auf eine göttliche Adoptionshandlung an:

Markus 1,9-11

»Und es begab sich zu der Zeit, daß Jesus aus Nazareth in Galiläa kam und ließ sich taufen von Johannes im Jordan.

Und alsbald, als er aus dem Wasser stieg, sah er, daß sich der Himmel auftat und der Geist wie eine Taube herabkam auf ihn.

Und da geschah eine Stimme vom Himmel: **Du bist mein lieber Sohn, an dir habe ich Wohlgefallen.**«

Zweifellos hat sich das Leben Jesu seit den Tagen des Täufers radikal verändert. **Er verstand sich** nun selbst **als endzeitlicher Gesandter Gottes** und verkündete die baldige Verwandlung der Welt und ihrer Ordnungen in der Herrschaft Gottes. Seine innige persönliche Verbindung mit Gott, sein unerschütterlicher Glaube, seine Fähigkeit, Krankheiten zu heilen, sein hoher ethischer Anspruch und seine Bereitschaft, Leiden für die Sache Gottes auf sich zu nehmen, rückten ihn in den Augen seiner Zeitgenossen ganz in die Nähe der alttestamentlichen Propheten. Der jüdische Geschichtsschreiber Josephus berichtet noch von anderen Prophetengestalten in dem unruhigen Jahrhundert nach der Zeitwende. Bei Jesus standen jedoch weit mehr als bei jenen das Heil, die Freude und die Liebe im Mittelpunkt seiner Botschaft, nicht das Gericht und die Strafe. Anders als der Täufer war er **dem Leben zugewandt** und mußte sich darum von Gegnern den Vorwurf »Fresser und Weinsäufer« gefallen lassen (Mt 11,19).

Trotz seiner hohen ethischen Forderungen hatte Jesus eine sensible und menschenfreundliche Haltung gegenüber den Menschen, die im gesellschaftlichen und sozialen Abseits standen, den Armen und Kranken. Mit Frauen ging er unbefangen um und verdammte »Sünderinnen« nicht, im Gegensatz zu den meisten religiösen Autoritäten seiner Zeit (Lk 7,36-50; Joh 8.1-11; Mk 10.13-16). Das gilt auch für sein Verhältnis zu Kindern, die er menschlich ernst nahm. Er selbst **scheint unverheiratet gewesen zu sein** wie manche Gelehrte im Judentum, die ihr Leben ganz dem Religionsstudium und dem notwendigen Broterwerb durch Handarbeit widmeten. Bei Jesus spielte sicher auch die Naherwartung des Weltendes eine Rolle. So konnte er auch andere Menschen radikal in seine Nachfolge rufen und sich auch von seiner Mutter und den Geschwistern um seines Auftrages willen distanzieren (Lk 9,57-62; Mk 3, 31-35).

Sein Vater Joseph scheint damals nicht mehr am Leben gewesen zu sein, da er nicht mehr erwähnt wird.

**Jesu Sprache war einfach,** klar und sehr anschaulich, was vor allem die Gleichnisse zeigen.

Die persönliche Ausstrahlungskraft bei seinem Auftreten scheint beträchtlich gewesen zu sein. Gegner sahen darin geradezu eine dämonische Besessenheit.

Mehr als dies läßt sich über seine Person wohl nicht sagen. **Eine psychologisierende Betrachtung** der Jesuserzählungen und Jesusworte, die uns überliefert sind, **ist** jedenfalls **nicht angebracht.** Dazu sind **die Texte** in ihrer vorliegenden Form zu stark mit den Augen der glaubenden Urgemeinde gesehen; sie **bieten** nicht **das Bild** eines historisch interessierten sachlichen Beobachters, sondern das **der bekennenden Gemeinde.**

*Zum Bild:*

Auf Holz gemaltes Männerporträt aus Ägypten, etwa 1.-3. Jahrhundert n. Chr. Das lebensechte Bild war mit Binden an der bandagierten Mumie in Höhe des Kopfes des Verstorbenen befestigt und hat in der Trockenheit der Grabkammer die Zeiten überdauert.

Das hier gezeigte Beispiel stellt sehr wahrscheinlich einen Juden dar. In Ägypten lebten damals vermutlich mehr als eine Million Juden, von denen manche die ägyptische Sitte der Mumifizierung übernahmen. Das Porträt kann uns eine Vorstellung vom Aussehen der Zeitgenossen Jesu vermitteln.

# 8 MENSCHENGRUPPEN, DENEN SICH JESUS BESONDERS ZUWANDTE

**Arme**

Vor seiner charismatischen Wirksamkeit war Jesus vermutlich als umherziehender Bauhandwerker tätig, der nur über ein sehr bescheidenes Einkommen verfügte. Die meisten seiner Weggefährten stammten aus der Schicht der Armen, und die von ihm geheilten Kranken waren durchweg auf Betteln angewiesen. Nach Schätzung der Historiker war überhaupt nur 1 % der Bevölkerung des römischen Reiches wohlhabend oder vermögend. Im damaligen Palästina war der Prozentsatz sicherlich noch geringer (vgl. S. 31). Als Armer unter Armen entwarf Jesus kein soziales Programm. Allein die kommende Gottesherrschaft konnte nach seiner Überzeugung Not und Armut aufheben. Diese Botschaft öffentlich anzusagen, fühlte er sich berufen (vgl. Lk 4,16-21): »Selig seid ihr Armen; denn das Reich Gottes ist euer. Selig seid ihr, die ihr jetzt hungert; denn ihr sollt satt werden. Selig seid ihr, die ihr jetzt weint; denn ihr werdet lachen« (Lk 6,20-21). In der Parallelstelle dazu (Mt 5,3) ist von »geistlich Armen« die Rede. Mit »Armut im Geist« ist jedoch nicht Mangel an Frömmigkeit oder an Verstand gemeint, sondern Mutlosigkeit, Gedrücktheit, Armut an Lebenskraft. Die Situation des Armen (das griechische Wort dafür heißt eigentlich »der sich Duckende«) wurde von Jesus also nicht verklärt oder idealisiert. Trösten konnte er nur mit der Hoffnung weckenden Ankündigung der baldigen Intervention Gottes, welche die ungerechten Verhältnisse beseitigen wird. Nachdem die erwartete Wende ausgeblieben war, haben die frühchristlichen Gemeinden durch praktizierte Gütergemeinschaft und auch soziale Hilfsmaßnahmen die bestehende Armut zu lindern begonnen. Damit versuchten sie, dem armenfreundlichen Verhalten Jesu in einer veränderten Situation gerecht zu werden.

**Kinder**

Kinder waren in jüdischen Familien immer schon hoch geschätzt als Glieder in der Generationsfolge des Gottesvolkes. Ihre Väter legten ihnen am Sabbat und an Festtagen die Hände auf, damit sich die guten Kräfte Gottes auf sie übertragen sollten. Sie sprachen dabei zum Sohn: »Gott mache dich wie Ephraim und Manasse!« (vgl. 1 Mose 48,20), zur Tochter: »Es mache dich Gott wie Sara, Rebekka, Rahel und Lea!« (gemeint sind die Stammesmütter Israels).
Auch von berühmten Religionsgelehrten erhofften sich Väter und Mütter solche Handauflegungen und Segenswünsche für ihre Kinder. So wird die Erzählung von der Kindersegnung in Mk 10,13-16 (mit Parallelen bei Mt und Lk) leicht begreiflich:
Eine Elterngruppe wandte sich mit ihren Kindern an Jesus, wurde aber von den Jüngern abgewiesen. Möglicherweise wollten diese nicht, daß ihr Meister mit den Schriftgelehrten auf eine Stufe gestellt wird. Vielleicht aber sahen sie darin nur eine Zudringlichkeit einfacher Leute ohne Status, ähnlich wie die Schüler des Rabbi Akiba in einer rabbinischen Erzählung: Als Akiba nach vierjähriger Abwesenheit von seinem Haus heimkehrte, lief ihm seine Frau entgegen und begrüßte ihn freudig. Da wollten seine Schüler sie wegstoßen, doch Akiba wurde darüber sehr unwillig und sagte: »Was ich bin und was ihr seid, verdanken wir dir.« Kinder und Frauen hatten einen geringeren Status als Männer, was sich in solchen Erzählungen widerspiegelt. Jesus hebt das Ansehen der Kinder - nicht nur hier, sondern auch bei anderen Anlässen (vgl. Mk 9,33-37). Kinder sind schutzlos, machtlos und hilfsbedürftig, aber auch vertrauensvoll und fähig, sich ohne Vorleistung beschenken zu lassen. Darum ist ihnen die Tür zur anbrechenden Gottesherrschaft offen. Jesu Eintreten für die Kinder hängt also mit seinen endzeitlichen Vorstellungen über Gott und die Menschen zusammen; es hat nichts mit Sentimentalität und Romantik zu tun (Unschuld und Reinheit der Kinder u.ä.; vgl. seine nüchterne Einschätzung launenhafter Kinder in Mt 11,16-17). Spätere Generationen der Christenheit haben mit der Erzählung von der Kindersegnung die Praxis der Kindertaufe begründet. Für Jesus und seine unmittelbare Umgebung war das aber noch keine Thema.

**Zöllner**

Es gab in Palästina zur Zeit Jesu sehr viele Zöllner. Sie hatten die verschiedensten Zölle einzuziehen: Einfuhr-, Ausfuhr- und Durchfuhrzölle; Passierzölle wie Straßen-, Fähr- und Torzölle sowie Marktzölle. Es wurde so ziemlich alles, was es an Gütern gab, verzollt: In uns erhaltenen Tarifen werden genannt: Felle, Salzfische, Weizen, Wein, Stroh, Kräuter, Tiere und auch Sklaven; darüberhinaus mußten auch Handwerker und Prostituierte Zoll zahlen. Die Zöllner waren dementsprechend unpopulär. Man muß unter ihnen zwei Gruppen unterscheiden: Die Zollpächter mußten den römischen Besatzungsbehörden die geschätzte Einnahmesumme jeweils im voraus bezahlen. Das nachfolgende Geschäft des Eintreibens war ziemlich risikoreich; die Verluste waren ebenso häufig wie Gewinne. Die Versuchung zur illegalen Tariferhöhung und zu sonstigem Betrug war darum groß. Solche Vergehen wurden freilich – wenn sie entdeckt wurden – von

*„Jesus von Montreal", Concorde Film*

den Behörden hart bestraft. Die Kontrollen und das Kassieren des Geldes überließen die Zollpächter normalerweise Untergebenen. Diese waren nicht selten entflohene Sklaven oder gescheiterte Existenzen. Sie mußten sich manche Anpöbeleien der geschröpften Händler und der Reisenden gefallen lassen und hielten sich dafür durch Betrügereien schadlos. Um so leichter waren sie erpreßbar und mußten jederzeit mit ihrer Entlassung rechnen. Leute, die am Zoll saßen (wie Levi, Mk 2, 14) waren im Grunde arme Teufel, die oft auch von sich aus von ihrer Tätigkeit wieder absprangen. Kein Wunder, daß manche dieser Menschen sich von Jesus angezogen fühlten, sich ihm anschlossen und ein neues Leben begannen. Nicht nur Zollbedienstete, sondern auch Zollpächter wie Zachäus kamen zu Jesus und folgten ihm (Lk 19,1-10).

## Dirnen

Dirnen waren entweder berufsmäßige Prostituierte oder Ehebrecherinnen, die von ihren Männern verstoßen wurden. Es gab arme Prostituierte und wohlhabende, wie etwa die »große Sünderin«, die ein teures Parfüm besaß (Lk 7,36 ff.). Wir wissen, daß es in Palästina z.Z. Jesu Bordelle gab. Die Aufsicht in diesen Häusern führten meist Sklaven oder ehemalige Sklaven, die im Auftrag eines reichen „Ehrenmannes" ihre Geschäfte betrieben. Auch die berufstätigen Dirnen waren meist Sklavinnen, oft schon von Geburt an. Es kam aber auch vor, daß Eltern in besonderen Notlagen ihre Töchter an Bordellwirte verkauften. Daß manche Dirnen sich Jesus anschlossen, um damit ihrem unerfreulichen Los zu entkommen, ist verständlich.

## Frauen

Im klassischen jüdischen Rabbinat waren Frauen nicht als Jüngerinnen oder Schülerinnen akzeptiert. Jesus ließ in seinem Kreis Frauen zu – wie Maria aus dem Ort Magdala am See Gennesaret und andere, die namentlich genannt werden (vgl. Mk 15,40 f). Frauen unterstützten Jesus und seine Bewegung finanziell (Lk 8,1-3), und es waren Frauen, die ihm (anders als seine männlichen Jünger) bis zuletzt die Treue hielten und die die ersten Zeugen des leeren Grabes wurden.

## Aufgabe

- Versuchen Sie in Gruppenarbeit Einstellung und Verhaltensweisen Jesu gegenüber Frauen anhand von Evangelienberichten zu beschreiben und zu beurteilen:

1. Lukas 7,36-50: Eine stark erotisch getönte Huldigung vonseiten einer stadtbekannten „Sünderin", die von der Umgebung Jesu zweifellos als anstößig empfunden wurde.
2. Johannes 8,1-11: Männer klagen eine ertappte Ehebrecherin an.
3. Johannes 4: Eine Frau aus Samaria mit einer bewegten Partnerschaftsgeschichte.

# 9 DER JUDE JESUS

Daß in der Neuzeit jüdische Gelehrte Jesus mit wissenschaftlichen Methoden erforschen und ihn als eine herausragende Gestalt des Judentums zu verstehen versuchen, zeigen vor allem die Arbeiten von **M. Buber, J. Klausner, D. Flusser, Schalom Ben-Chorin, P. Lapide u.a.** Dabei handelt es sich vor allem um Autoren, die den Dialog mit dem Christentum trotz und gerade nach den Erfahrungen mit „Auschwitz" suchen und führen.

*Einige wegweisende Zitate:*

***»Er war ein Jude, ein pharisäischer Jude mit galiläischer Färbung, ein Mann, der die Hoffnungen der Zeit teilte und diese Hoffnung in sich erfüllt glaubte. Einen neuen Gedanken sprach er keineswegs aus, auch brach er nicht die Schranken der Nationalität.«***

*Abraham Geiger (1810-74, zuletzt Rabbiner und Dozent in Berlin)*

***»Jesus ist die Seele unserer Seele, wie er das Fleisch unseres Fleisches ist. Wer möchte ihn ausscheiden aus dem jüdischen Volk? Der heilige Petrus wird der einzige Jude bleiben, der von diesem Abkömmling Davids gesagt hat: ich kenne nicht diesen Mann.«***

*Max Nordau (1849-1923, Schriftsteller, Arzt, einer der Väter des Zionismus.)*

**»Das Christentum - eine jüdische Religion«**
Diese These vertritt der zur Zeit wohl bekannteste jüdische Jesusforscher David Flusser (geb. 1917). Er ist der Nachfolger von Joseph Klausner auf dem Lehrstuhl für neutestamentliche Zeitgeschichte an der Hebräischen Universität in Jerusalem.
Klausner hatte in seinem grundlegenden Werk *Jesus von Nazareth* (hebräische Ausgabe 1922, deutsche Ausgabe 1930) als Kenner jüdischer Zeitgeschichte eine Fülle jüdischer Quellen zur Interpretation herangezogen. Für ihn ist Jesus ein erhabener Sittenlehrer mit einem originellen ethischen System:
»Wenn der Tag kommen wird, wo diese Ethik die Hülle ihrer mystischen und mirakelhaften Umkleidung abstreift, dann wird Jesu Buch der Ethik eine der erlesensten Schätze der jüdischen Literatur sein.«
David Flusser veröffentlichte seine erste Monographie *Jesus* im Jahre 1968. Sie ist das bis heute verbreitetste jüdische Buch über Jesus. Jesus habe sich nicht gegen das Judentum gestellt, wollte es nicht sprengen, lebte nach der Tora und prägte keinen neuen Gottesbegriff. Seine Kritik lag im Rahmen pharisäischer Selbstkritik.

**Über den jüdischen Anfang des Christentums schreibt Flusser:**
Jesus hat sicher nicht die Heiden vor den eigenen Volksgenossen bevorzugt... Die kleine Herde, welche er um sich versammelte, bestand nur aus Juden, und diese jüdischen Jünger brachten seine Heilsbotschaft dann auch zu den Weltvölkern. Das Bild, das in Matthäus gezeichnet ist, unterscheidet sich nicht von dem Bild in den übrigen Evangelien, nur daß bei Matthäus die jüdischen Farben stärker hervortreten. Wenn wir es dogmatisch ausdrücken, dann war der ausschließlich jüdische Anfang des Christentums heilsnotwendig, nicht nur deshalb, weil ... das Christentum eine im Grund jüdische Religion ist. Zu beachten ist nämlich auch, daß die christliche Religion eine Vorgeschichte in der Religion Israels gebraucht hat...
Es begann unter den Juden, und Jesus wußte, daß seine irdische Sendung sich nur auf die verlorenen Schafe des Hauses Israel bezog. Er war ja selbst ein Jude und gehorchte dem, der ihn gesandt hatte...
Heute bekommt die Frage nach dem Judentum Jesu eine neue Dimension. Sie gehört zum christlich-jüdischen Gespräch. Der Jude Jesus, auf den der christliche Glaube ausgerichtet ist, macht die Christen darauf aufmerksam, daß sie versuchen sollten, mit der Gemeinschaft, in der Jesus gelebt hat, in brüderlicher Verbundenheit zu leben. Diese Eintracht zwischen den Christen und den Juden vermehrt die Liebe zum Nächsten, und diese Liebe ist ein Hauptgebot sowohl der Juden als auch von Jesus. Gott möge diese Eintracht der Brüderlichkeit segnen.

David Flusser, Das Christentum - eine jüdische Religion, Kösel-Verlag, München 1990, S. 38f., 166f.

*Schalom Ben-Chorin*

# *JUDENTUM UND JESUSBILD*

**Aufgabe**

- Fassen Sie die wichtigsten Aussagen von Ben-Chorin über Jesus zusammen.
- Formulieren Sie Ihre ersten Eindrücke.
- Erarbeiten Sie Thesen für ein christlich-jüdisches Gespräch.

Vom Judentum aus läßt sich in einem normativen Sinn von Jesus von Nazareth nur eine negative Aussage formulieren. Für das Judentum ist Jesus nicht der Messias, denn die Welt hat sich nach dem Opfergang von Golgatha nicht grundsätzlich verändert. Es gab Kriege vor und nach Jesus, Klassen- und Rassenhaß wurden durch sein Wirken nicht beseitigt, so daß unsere Welt noch der Erlösung harrt. Vom Messias aber wird erwartet, daß er den Weltfrieden bringt, Israel in das Land der Verheißung zurückführt, das Reich seines Urvaters David wiedererrichtet und den Dritten Tempel erbaut. All das ist mit dem Kommen Jesu nicht verwirklicht worden.

Für das Judentum ist Jesus auch nicht der eingeborene Sohn Gottes, das Fleisch gewordene Wort Gottes, da diese Vorstellungen dem Judentum fremd sind. Aus jüdischer Sicht kann Jesus auch nicht als zweite Person einer Trinität gesehen werden, da das Judentum keine Dreifaltigkeit kennt und an dem Bekenntnis festhält: »Höre, Israel, der Herr, unser Gott, der Herr *ist einer*« (Dtn 6,4), das Jesus selbst als das vornehmste der Gebote bezeichnet hat.

Kreuz und Leiden Jesu können aus jüdischer Perspektive nicht isoliert betrachtet werden. Jesus ist für das Judentum ein Blutzeuge des Glaubens Israels, aber nicht der einzige Gerechte, dessen Sühneleiden als Regulativ der Schöpfung gesehen wird. Die Tora, das Gesetz Israels, ist jedem Juden zur Erfüllung aufgetragen, so daß es nicht von Jesus stellvertretend ein für allemal erfüllt werden konnte.

Jesus von Nazareth gilt (irrtümlich) als der Stifter des Christentums, was seinen eigenen Intentionen aber keineswegs entsprach. Er war ein Rabbi in Israel, der die Revolution der Herzen gegen eine erstarrte Gesetzlichkeit predigte, aber nicht eine wie immer geartete Lösung vom Judentum: »Ihr sollt nicht meinen, daß ich gekommen bin, das Gesetz oder die Propheten aufzulösen; ich bin nicht gekommen aufzulösen, sondern zu erfüllen« (Mt 5,17). »Es ist aber leichter, daß Himmel und Erde vergehen, als daß ein Tüpfelchen vom Gesetz fällt« (Mt 5,18; Lk 16,17). »Ich bin nur gesandt zu den verlorenen Schafen des Hauses Israel« (Mt 15,24).

Die Theologie Jesu stimmt mit der der Pharisäer überein, und der Titel „Rabbi“, den nur pharisäische Schriftgelehrte führten, zeigt, daß er selbst dieser Richtung, freilich in Opposition gegen das Establishment, angehörte. Seine erbittertsten Gegner aber kamen aus dem Kreis der Tempel-Aristokratie der Sadduzäer unter Führung des amtierenden Hohenpriesters Kaiphas. Es waren zwei Motive, die Jesus die unerbittliche Gegnerschaft der jüdischen Führung eintrugen. Obwohl er mit der Theologie der Pharisäer übereinstimmte, so etwa in der Frage der Auferstehung der Toten, riß er den Heuchlern unter den Pharisäern, die im Talmud „gefärbte Pharisäer“ genannt werden, die Maske vom Gesicht. Das läßt sich keine Führungsschicht ungestraft gefallen. Die Sadduzäer erzürnte Jesus durch die Relativierung des Tempelkults, der in Äußerlichkeit erstarrt und entartet war. Damit setzte Jesus den Protest der hebräischen Propheten fort, obwohl er selbst kein Prophet war, sondern die Züge eines Rabbi trug. In seiner Lebensweise erregte Jesus das Ärgernis der pharisäischen Schriftgelehrten, da er Umgang mit Zöllnern (Kollaborateuren Roms) und Dirnen pflegte, sich so bewußt den Erniedrigten und Beleidigten zuwandte, um das Verlorene wiederzufinden. Bei der Tischgemeinschaft mit diesen am Rande der Gesellschaft Stehenden hat er offensichtlich auch die Speisegesetze nicht mit der minuziösen Buchstabentreue der Pharisäer gewahrt (Mt 15,11).

Einer der Jünger, Judas Ischariot, verriet den Meister an das Synhedrion, den Hohen Rat, sicher nicht um des Kopflohnes von dreißig Silberlingen willen, sondern um den als Messias erkannten Rabbi zur Aktion zu bewegen.

Nach einem Kurzverfahren vor dem Hohen Rat, wo Jesus angemaßte Messianität vorgeworfen wird, wurde er dem Prokurator Pontius Pilatus zur Aburteilung übergeben und auf Golgatha gekreuzigt. Nach dem Glauben seiner Jünger soll er am dritten Tag auferstanden sein, was aber in außerchristlichen Quellen nicht bezeugt ist. Ob sich Jesus selbst für den Messias gehalten hat, ist fraglich.

Es ist anzunehmen, daß Jesus verheiratet war, denn ein unverheirateter Rabbi wäre als Ärgernis empfunden worden. Von allen uns bekannten Rabbinen des Talmuds war nur einer unverheiratet, Ben Assai, ein Gesprächspartner des Rabbi Akiba (2. Jahrhundert), den man deshalb tadelnd zur Rede stellte: »Du bist ein Mörder, denn wer das Menschengeschlecht nicht vermehrt, der vermindert es« (Jeb 63b). Die Gegner Jesu, die ihm so gern kleinste Verstöße gegen das Gesetz vorwarfen, erwähnen aber diesen Verstoß gegen das Gesetz nicht. Wenn wir im N.T. kein Wort über die Frau Jesu lesen, so darf uns das nicht wundern, denn wir wissen auch nichts über die Frauen der meisten Schriftgelehrten dieser Epoche. Auch von den Frauen der Jünger hören wir nichts, und doch wird erzählt, daß Jesus die Schwiegermutter von Petrus geheilt hat, woraus zu entnehmen ist, daß Petrus verheiratet war.

Durch eine Integration Jesu in seine jüdische Umwelt gewinnen die Züge des Nazareners neue Realität, die durch eine christlich-dogmatische Überhöhung zu weit spiritualisiert wurde, so daß die Gefahr eines »Christus-Gespenstes« entstand. Jesus der Jude hingegen nähert sich der historischen Wirklichkeit an, soweit sie durch die Quellen des Neuen Testaments erkennbar sind.

In: Neues Lexikon des Judentums,
hrsg. von J. H. Schoeps,
Gütersloh / München 1992, S. 228 f.

# 10 EHRFÜRCHTIG DIE LEHRE JESU STUDIEREN

## Mahatma Gandhi (1869-1948)

Jesus nimmt in meinem Herzen den Platz eines der großen Menschheitslehrer ein, die mein Leben beträchtlich beeinflußt haben. Ich sage den Hindus, daß ihr Leben unvollkommen sein wird, wenn sie nicht auch ehrfürchtig die Lehre Jesu studieren. Ich bin zu dem Schluß gekommen, daß, wer die Lehren anderer Religionen ehrfürchtig studiert – ganz gleich, zu welchem Glauben er sich selbst bekennt –, sein Herz weitet und nicht verengt.
Die Botschaft Jesu ist in der Bergpredigt enthalten, ganz und unverfälscht... Wenn nur die Bergpredigt und meine eigene Auslegung davon vor mir läge, würde ich nicht zögern zu sagen: »Ja, ich bin ein Christ«.
Trinkt tief von dem Brunnen, der euch in der Bergpredigt gegeben ist – aber dann müßt ihr auch in Sack und Asche Buße tun für euer Versagen bei der Ausführung dessen, was in der Predigt Jesu gelehrt wird. Die Lehre der Bergpredigt ist für uns alle. Ihr könnt nicht Gott und dem Mammon dienen.
Es ist ein eigenartiger Kommentar auf den Westen, daß es dort, obwohl er sich zum Christentum bekennt, kein Christentum und keinen Christus gibt – sonst hätte es dort keinen Krieg gegeben.
Ich bitte meine christlichen Brüder, ihr Christentum nicht so zu verstehen, wie es im Westen verstanden wird.
Schließlich war Jesus ein Asiate, und er wird dargestellt in wallenden arabischen Kleidern. Er war die Milde in Person. Ich hoffe, daß die Christen Indiens in ihrem Leben Jesus den Gekreuzigten darstellen, den Jesus der Bibel.
Ich kenne und schätze viele Tugenden des Westens. Aber ich muß betonen, daß der asiatische Jesus im Westen falsch dargestellt wird, mit Ausnahme von einzelnen.
Obwohl ich nicht beanspruchen kann, ein Christ im sektenhaften Sinne zu sein, so ist doch das Beispiel von Jesu Leiden in meinem unerschütterlichen Glauben an Gewaltlosigkeit ein Faktor, der alle meine Tätigkeiten, die geistigen und die weltlichen, bestimmt.
Ich darf sagen, daß ich nie an einem historischen Christus interessiert war. Mir würde es nichts ausmachen, wenn mir jemand beweisen sollte, daß der Mann, der Jesus genannt wird, nie gelebt hat, und daß das, was in den Evangelien erzählt wird, ein Produkt der Einbildung des Schriftstellers war. Die Bergpredigt wäre immer noch wahr für mich.

Mahatma Gandhi, Freiheit ohne Gewalt, Köln 1968

*Schon während seines ersten Englandaufenthaltes 1888-91 hatte der überzeugte Hindu Gandhi zu unterscheiden gelernt zwischen dem System einer Militär- und Kolonialmacht, das er bekämpfte, und den Menschen mit ihrer Demokratie, die er schätzte.*

*Als Rechtsanwalt in Südafrika entwickelte er die Strategie der Gewaltlosigkeit, die er später als satyagraha beschrieb, als »die Stärke, die aus der Wahrheit, aus der Liebe und aus der Gewaltlosigkeit geboren ist.« Das »Sorget euch nicht für das Morgen« der Bergpredigt diente ihm als Grundlage seines wirtschaftlichen Programms, dessen Symbol das Spinnrad war.*

*Als schließlich die Unabhängigkeit Indiens erreicht und Nehru am 2.9.1947 erster Premierminister Indiens wurde, lebte Gandhi in einem Armenviertel bei den Unberührbaren. Auf einer Gebetsversammlung für die Versöhnung zwischen Hindus und Moslems wurde er am 30. Januar 1948 von einem fanatischen Hindu-Nationalisten ermordet.*

**Aufgabe**

- Welche Aussagen über Jesus macht Gandhi?
- Warum hat die Gestalt Jesu für ihn eine so große Bedeutung?

**»Tu keinem Wesen Gewalt an!«**
**Das ist der ewige, alles überdauernde und unabänderliche Weg des (geistlichen) Lebens.**

**Wer der Gewalt ergeben ist, den schützt kein noch so großer Reichtum in diesem oder dem nächsten Leben.**

**Wisse, daß die Gewalt die Wurzel alles Elends in der Welt ist.**

**Alle Wesen möchten leben, keines möchte sterben; es ist daher entsetzlich, wenn man tötet. Wer an den Frieden glaubt, sollte es nie versuchen.**

**Eine Waffe mag noch so gewaltig sein, sie kann immer noch von einer überlegeneren verdrängt werden; doch keine Waffe kann der Gewaltlosigkeit überlegen sein.**

Friedensgebet der Jainas, einer alten indischen Religionsgemeinschaft, deren Lehre und Leben der Ahimsa, der Nicht-Tötung und Nicht-Schädigung aller Lebewesen den jungen Gandhi tief geprägt hat.

# 11 NIEMAND KANN ZWEI HERREN DIENEN IHR KÖNNT NICHT GOTT DIENEN UND DEM MAMMON (Mt 6,24)

*Foto: Ausstellung u.a. Andy Warhol, Dollar Sign, Deutscher Sparkassenverlag*

**Mammon**
(= das, worauf man **vertraut**) ist ein aramäisches Wort und bezeichnet in der jüdischen Literatur „Besitz" oder auch „Geld", jedoch nicht im Sinn von Vermögensbesitz oder Zahlungsmittel, sondern als eine Macht, die Abhängigkeit und Ungleichheit stiftet (s. S. 35). Geld bekommt so die Qualität einer Gottheit und wird kultisch-religiös überhöht, wie dies in unserer Zeit Andy Warhol in seinem „Kultbild" **Dollar Sign** dargestellt hat.

**Aufgabe**

- Schreiben Sie auf einer Seite Ihre Gedanken zum obigen Wort aus der Bergpredigt Jesu auf – im Blick auf unsere heutige Lebenswelt.

# 12 EINE PHILOSOPHISCHE BILDGESCHICHTE

Stellen Sie sich folgende Situation vor: Sie sitzen mit einem Kind friedlich auf einer Parkbank. Plötzlich werden Sie von einem Unbekannten belästigt und angegriffen. Welche Reaktion halten Sie für richtig?

**Reaktion A**

**Reaktion B**

**»Ihr habt gehört, daß gesagt ist (2. Mose 21,24): Auge um Auge, Zahn um Zahn.**

**Ich aber sage euch, daß ihr nicht widerstreben sollt dem Übel, sondern: wenn dich jemand auf deine rechte Backe schlägt, dem biete die andere auch dar...**

**Gib dem, der dich bittet, und wende dich nicht ab von dem, der etwas von dir borgen will.« (Mt 5,38 ff.)**

**Zur Diskussion:**

- Wäre Reaktion A oder B geeignet, als gesetzliche Grundlage für die Politik, die Gerichte, Polizei und Strafvollzug zu dienen? Begründen Sie Ihre Meinung!

- Versuchen Sie, alle sechs Einzelbilder von E.-O. Plauen in die ursprüngliche Reihenfolge zu bringen!

- Welches Verhalten schlägt der Zeichner mit seiner Bildgeschichte vor?

Aus »e.o. plauen, Vater und Sohn«
© Südverlag GmbH Konstanz 1982 (ren.)
Mit Genehmigung der Gesellschaft für Verlagswerte GmbH, Kreuzlingen/Schweiz.

# 13 KANN MAN DIE BERGPREDIGT WÖRTLICH NEHMEN?

*Foto: Bill Coleman, Das Leben der Amish, Van der Marck Editions, New York*

## Meinung A:

**Wer politische Verantwortung trägt, kann die Bergpredigt nicht wörtlich nehmen.**

»Weder kann die Bergpredigt ideologisch vereinnahmt werden, noch liefert sie politische Rezepte... Eine direkte Übersetzung der Bergpredigt in die Gegenwart findet dort ihr Ende, wo Menschen nicht nur Verantwortung für sich allein, sondern für andere und vor allem für Völker und Staaten übernommen haben und tragen.«

(Siegfried Schulz, Neutestamentliche Ethik, Zürich 1987, S. 461f.)

## Meinung B:

**Die Amish – Menschen, die die Bergpredigt wörtlich nehmen.**

»Über Alternativen zur Konsumgesellschaft wird viel geredet. Die Amischen – eine starke Minderheit radikaler Christen in Nordamerika – statuieren ein Exempel. Sie nehmen ihre Religion beim Wort und setzen sie in die Tat um«, so lautet der Umschlagstext eines neuen Buches „Die Amischen. Vom Geheimnis des einfachen Lebens" von Bernd G. Längin.

## Wer sind diese Amish?

Sie sind späte Nachkommen der sogenannten Schweizer Brüder, die, von Jakob Ammann gegründet, aufgrund von Verfolgungen ab 1728 nach Nordamerika auswanderten. Rund 100.000 Amische leben heute am Rande der modernen Konsumgesellschaft in den USA und in Kanada. Der Lebensstil der Amish orientiert sich an der Bibel, insbesondere am Neuen Testament: Naturverbundenes Leben, harte Arbeit in Landwirtschaft und Handwerk, gegenseitige Hilfe abseits der Städte, die als „Sodom" gelten. Sie sollen „in der Welt, aber nicht von der Welt" sein (Joh 17, 15). Die Amish verzichten auf Elektrizität, fließendes Wasser im Haus, das Telefon und das Auto. Sie bewirtschaften ihr Farmen wie im vorindustriellen Zeitalter – und gelten als die besten Bauern Amerikas. Die Regierung ist zwar nötig wegen der bösen Welt, aber Amish übernehmen kein öffentliches Amt. Sie leisten keinen Eid und keinen Wehrdienst. Sie erleiden lieber Unrecht, als daß sie vor Gericht ihr Recht erstreiten; sie treiben keine Schulden durch Gericht ein. Amish gelten als ehrliche und gesetzestreue Bürger, bei denen es fast keine Kriminalität gibt. Das Gebot der gegenseitigen Hilfe ist eine Selbstverständlichkeit, so daß schon vor hundert Jahren die Philadelphiaer Zeitung über sie schrieb: »Arme gibt es unter ihnen kaum; noch nie ist ein Amischer dem Armenhaus zur Last gefallen... Ihre Gastfreundlichkeit ist sprichwörtlich...«

*Foto von Amishjungen: Bill Coleman a.a.O. Seite 23*

Was es konkret bedeuten kann, das Gebot der Bergpredigt wörtlich zu nehmen »Ich aber sage euch, daß ihr nicht widerstreben sollt dem Übel...« Mt 5,39, beschreibt Bernd G. Längin in seinem Buch „Die Amischen", Seite 179: »Unter ihrem Weltverzicht müssen die Amischen heute immer wieder einmal kräftig leiden. Nehmen wir nur einmal den Tobi Graber, ein Kraftprotz, ein Kerl mit Haaren auf der Brust und Schmelz in der Stimme. Tobis Tochter war im Babyalter von einem Arzt in Allen County falsch behandelt worden und litt seither unter einem irreparablen Hörfehler. Arzt und Schwestern sollen gesagt haben „Gott sei Dank, ein Amischkind!", da im Grabiller Land bekannt ist, daß die Amischen nie vor ein weltliches Gericht ziehen. Der Armendiener der Gemeinde mußte jetzt 17.000 Dollar für die Nachbehandlung sammeln – wobei jede Familie eben gab, was sie gerade geben konnte.«

**Zur Diskussion:**

- Welchen Eindruck macht das „christliche Lebensexperiment" der Amish auf Sie?
- Kann es ein Modell für unsere heutige Weltgesellschaft sein?

# 14 WIE IST DIE BERGPREDIGT ZU VERSTEHEN? (Mt 5-7; Lk 6)

**Aufgabe**

- Welche Zusagen und welche Forderungen enthält die Bergpredigt?
- Worin liegt das Problem der Bergpredigt?
- Welche Lösungsversuche gibt es?
- Welche Bedeutung würden Sie der Bergpredigt heute beimessen?

Jesus radikalisierte nicht die überlieferte Moral an sich, sondern nur einzelne Forderungen, bei denen es besonders um das Wohl des Menschen geht und bei denen ein enger Bezug zum Handeln Gottes am Menschen vorliegt: weil Gott nicht haßt, sondern gütig ist, weil er heilt und nicht verdammt, weil er seine Sonne über Gute und Böse, Gerechte und Ungerechte scheinen läßt, weil er keine arglistigen Hintergedanken hat und seine Zusage wahrmacht, darum soll nach Jesus der Mensch als Kind Gottes genauso handeln: und das nicht erst in der Gottesherrschaft, von der Jesus wohl ebenso wie Jeremia und Hesekiel glaubte, daß dann den Menschen das rechte Verhalten ins Herz geschrieben sein werde; es sollte vielmehr schon jetzt in dieser Welt zeichenhaft geschehen, daß Menschen ihre persönlichen, politischen und religiösen Feinde lieben, daß sie wahrhaftig sind, keine ehebrecherischen Gedanken hegen u.a.m. Es geht, wie bei den Heilungen Jesu, um eine zeichenhafte Vorwegnahme dessen, was in der Gottesherrschaft die Regel sein wird.
Weil sie fest mit der bald kommenden vollkommenen Ordnung der Gottesherrschaft rechneten, konnten Jesus und seine Gefolgsleute so weit gehen, daß sie sich widerstandslos ohrfeigen und berauben ließen (Mt 5,39-41 und Bildgeschichte von E.-O. Plauen). Sie vermochten es, ohne Heimat, Familie, Besitz und Schutz zu existieren, als „Wandercharismatiker", die von milden Gaben anderer lebten und deren Bitten darum tatsächlich nicht enttäuscht wurden (Mt 6,25-34; 7,7-11; 8,20; 19,9-10). Sie konnten ihre Familien verlassen und dafür einen Ersatz in der Gruppe der sie unterstützenden und mit Jesus sympathisierenden Menschen finden (Lk 8,1-3.19-21; Mk 10,28-30). Das Schicksal des alttestamentlichen Propheten, der seine Wange den Peinigern zum Schlag darbot, wurde für Jesus und seine Jünger zu einem Vorbild: es ging um die Bereitschaft, das Prophetenschicksal auf sich zu nehmen (Jes 50,6; Mt 5,39). Jesus selbst war dazu bereit (Mt 26,67;27,30).
Erst mit der Verzögerung des Eintreffens der Gottesherrschaft und dem Entstehen der Kirche in einer unveränderten Welt begannen alle diese radikalen Forderungen und Verhaltensweisen problematisch zu werden, und sie sind es bis heute geblieben; denn offensichtlich ist für viele Menschen weder aus dem Leben der einzelnen noch aus dem Miteinander der Staaten und Völker die Durchsetzung von Recht mit den Mitteln der Macht und der Widerstand gegen Unrecht, Unterdrückung und Bedrohung wegzudenken.
Man hat innerhalb der Kirche immer wieder verschiedene Versuche unternommen, um die Anstößigkeit der Bergpredigt zu mildern; alle diese Versuche bleiben jedoch selbst problematisch. Man sagte:

■ Bei der Bergpredigt handelt es sich nicht um Gebote für alle Christen, sondern um Gebote für Menschen besonderer Heiligkeit (z.B. Mönche, Asketen).

■ Es handelt sich um eine Ethik, die nur in der kurzen Zeit vor dem Ende der jetzigen Welt gilt („Interimsethik") und die nur von Jesus selbst und seinen Jüngern praktiziert werden konnte. Weil das Weltende jedoch nicht gekommen ist, hat diese Interimsethik heute keine unmittelbare Bedeutung mehr, sondern kann nur moralische Anstöße geben zu einzelnen Taten heroischer Selbstüberwindung.

■ Jesus ist es nicht um praktische ethische Verhaltensregeln gegangen, sondern allein um die Erzeugung einer moralischen Gesinnung im Menschen. Auf den guten Willen kommt es an!

■ Man muß unterscheiden zwischen dem, was ein Mensch als Christ tut und dem, was er als Amtsperson tut: als Christ muß er seine Feinde lieben und auf Widerstand verzichten; als Soldat oder Richter dagegen muß er Macht gebrauchen und Recht durchsetzen.

■ Jesus hat in der Bergpredigt ganz bewußt Unmögliches gefordert, um den Menschen ihre Unfähigkeit zum Guten nachzuweisen; die Gebote sind so etwas wie ein Spiegel, in dem man die eigene Sünde erkennt. Erst dadurch werden die Menschen bereit, die Gnade Gottes richtig zu würdigen und dankbar anzunehmen.

Dies sind nur – vereinfacht dargestellt – die wichtigsten Versuche, die in der Christenheit im Laufe der Jahrhunderte unternommen wurden, um mit dem Problem der Bergpredigt fertigzuwerden. Befriedigen können sie jedoch nicht, da sie uns zu schnell von der Aufgabe und Herausforderung entbinden, uns selbst die Frage zu stellen, wie ernst wir die Bergpredigt heute zu nehmen bereit sind.

# 15 ES IST EIN WUNDER

*Foto: Hans Staub, Vor der Kinderkrippe im Industriequartier, 1931, Schweizerische Stiftung für die Photographie im Kunsthaus Zürich*

**Welche Bedeutung hat Jesus selbst seinen Wundern beigemessen?**

Jesus hat den Anbruch der Herrschaft Gottes angekündigt und in diesem Zusammenhang bestimmte Aussagen über Gott gemacht: Die Gottesherrschaft werde den Menschen ganz heil und glücklich machen und die Mächte des Bösen und der Zerstörung ganz ausschalten.
Um dies zu verkündigen, genügten Jesus die Worte allein nicht. Dazu bedurfte es für ihn auch der Tat. Nur so konnte sichtbar werden, daß mit seinem Leben und Auftreten die Gottesherrschaft schon ein Stück weit Wirklichkeit geworden war. Darum machte Jesus, nach den Erzählungen der Evangelien, Aussätzige und seelisch Kranke gesund und damit gleichzeitig auch wieder gemeinschafts- und gottesdienstfähig. Darum stillte er Hunger und Durst und nahm damit das für die Endzeit erwartete Fest- und Freudenmahl vorweg.
Die Wunder Jesu wollen also Hinweise sein, Zeichen für Gottes Menschenfreundlichkeit und Retterabsicht. Sie sind in die Praxis umgesetzte Lehre Jesu.
Daß die Wundererzählungen in den Evangelien keine Reporter- oder Polizeiprotokolle sind, sondern volkstümlich erzählte Geschichten, die da und dort auch einmal übertreiben oder eine Episode zweimal erzählen, braucht uns dann nicht mehr zu stören, wenn wir den geschichtlich erfaßbaren Kern der Sache und die Absicht der Erzähler begriffen haben.

es ist ein wunder
was ist ein wunder?

gezeugt zu werden
zu zeugen
geboren zu werden
zu gebären
gelebt zu werden
zu leben
geschaffen zu werden
zu schaffen
geträumt zu werden
zu träumen
geliebt zu werden
zu lieben
gebraucht zu werden
zu brauchen
gedacht zu werden
zu denken
gefühlt zu werden
zu fühlen
gestorben zu werden
zu sterben

es ist ein wunder
ist es ein wunder?
es ist

*Kurt Marti, Leichenreden, Hermann Luchterhand Verlag, Darmstadt und Neuwied 1975*

# 16 »HEILT DIE KRANKEN« (Mt 10,8)

Es ist aber in Jerusalem beim Schaftor ein Teich, der heißt auf hebräisch Betesda. Dort sind fünf Hallen; in denen lagen viele Kranke, Blinde, Lahme, Ausgezehrte. Es war aber dort ein Mensch, der lag achtunddreißig Jahre krank. Als Jesus den liegen sah und vernahm, daß er schon so lange gelegen hatte, spricht er zu ihm: Willst du gesund werden? Der Kranke antwortete ihm: Herr, ich habe keinen Menschen, der mich in den Teich bringt, wenn das Wasser sich bewegt; wenn ich aber hinkomme, so steigt ein anderer vor mir hinein. Jesus spricht zu ihm: Steh auf, nimm dein Bett und geh hin!

Und sogleich wurde der Mensch gesund und nahm sein Bett und ging hin.

(Johannes 5,2-9)

*Einsatz bis zum Letzten, Foto: Ines Krüger*

Vor gut zwanzig Jahren mußte ich mich nach einer Magenperforation binnen vierzehn Tagen zwei Magenoperationen unterziehen. Meine Überlebenschancen waren, wie der Arzt meiner Frau sagte, sehr gering. Etwa zehn Tage nach der zweiten Operation wurde in einem ökumenischen Weihnachtsgottesdienst für mich gebetet. Als meine Frau mir das am nächsten Morgen erzählte, durchströmte mich ein unbeschreiblich wohltuendes Gefühl der Dankbarkeit und Zuversicht. Nach Wochen, bei der Entlassungsvisite, sagte der Arzt: »Ohne Ihren Glauben hätte ich Sie nicht heilen können.«

5

Einer achtzigjährigen Dame aus unserer Gemeinde mußte nach mehreren vergeblichen Operationen an Krebs im Wadenmuskel das Bein amputiert werden. Als die Wunde schon recht gut verheilt war, wurden Metastasen in der Lunge festgestellt. Die Frau wußte nun, daß ihre Tage gezählt waren. Am Heiligen Abend besuchte ich sie mit meinem Sohn, damals Vikar, und wir feierten zu Dritt einen Heiligen Abend wie am Bett einer Genesenden. Sie wußte sich geborgen in Gottes Hand, und so getrost starb sie wenige Tage später.

H. Dühr in: Evangelische Kommentare 11/91

6

# 17 DIE WUNDER JESU IM URTEIL DER BIBELWISSENSCHAFT

Kein Bibelwissenschaftler bestreitet heute mehr, daß Jesus außergewöhnliche Taten vollbracht hat, die man landläufig „Wunder" nennt. Um zu verstehen, was hier mit „Wunder" gemeint ist, muß man sich freilich erst über eine Anzahl von Gesichtspunkten klar werden:

1. Weder die Bibel noch andere frühe Kulturen der Menschheit kannten unumstößliche Naturgesetze. Außergewöhnliche Geschehnisse wie Heilungen, Totenerweckungen, Speisevermehrung, die wir aus der Jesusüberlieferung kennen, wurden damals zwar bestaunt, aber nicht als „widernatürlich" angesehen. In der Erfahrungswelt jener Menschen gab es keine Natur, die wie ein Uhrwerk konstruiert ist und ebenso unbeirrbar funktioniert. Jederzeit konnten höhere Mächte – seien es nun Gott oder dämonische Wesen – in Aktion treten, um Menschen in akuten Notsituationen beizustehen oder sie auf sich aufmerksam zu machen.

2. Wir heutigen Menschen sind – anders als der antike Mensch – gewohnt, die Natur von unumstößlichen physikalischen und biologischen Gesetzen beherrscht zu sehen, so daß uns eine wunderhafte Durchbrechung dieser Gesetze ganz undenkbar vorkommt und viele Menschen Wunderberichten skeptisch bzw. ganz ablehnend gegenüberstehen.

3. Viele Naturwissenschaftler, aber auch Gesellschaftswissenschaftler unserer Zeit nehmen an, daß die Natur durchaus nicht nur durch die bisher bekannten physikalischen Gesetzmäßigkeiten bestimmt ist. Es gibt in ihr offenkundig auch Energien und Gesetze, die sich bis heute jeder Systematisierung entziehen. Vorwiegend in bestimmten Regionen und Gesellschaftsformen (z.B. Afrika, Lateinamerika) gibt es auch heute noch Menschen, die außergewöhnliche Begabungen aufweisen; die Wissenschaft spricht hier von „paranormalen" Eigenschaften, d.h. neben oder außerhalb der normalen, bisher bekannten Begabungen liegenden Fähigkeiten wie z.B. Telepathie (Wahrnehmungen über Räume und Zeiten hinweg), Präkognition (Vorauswissen) und heilende Kräfte.

Die hinter solchen Begabungen stehenden Kräfte und Gesetze sind wie die „normalen" Naturkräfte und -gesetze an sich weder gut noch böse, können jedoch von Menschen zum Guten oder Bösen eingesetzt werden. Während einer jahrelangen Lehrtätigkeit in Afrika ist der Verfasser dieses Beitrags (R.M.) immer wieder Menschen mit solchen „paranormalen" Fähigkeiten begegnet und konnte ihre Wirksamkeit beobachten.

**Beurteilung der Wunder Jesu im Licht neuerer Forschungen**

Wir müssen davon ausgehen, daß Jesus ebenfalls paranormale Kräfte besessen und bei seinem Wirken angewendet hat. Entscheidend ist dabei jedoch, in welchem Sinne er davon Gebrauch machte und zu welchem Zweck er sie nicht einsetzte:

a) Nie benutzt Jesus seine Fähigkeiten, um sich selbst zu helfen: Er verwandelte nicht Steine in Brot, als er hungerte; er rettete sich nicht vor Verfolgung und Kreuzigung.
b) Nie verwendete Jesus seine Kräfte gegen irgendwelche Menschen.
c) Im Gegensatz zu anderen alten und modernen Heilern machte er keinen Beruf daraus und hatte keine florierende Praxis. Massenheilungen bewirkte er nie. Die Zahl der in den Evangelien berichteten Wunder Jesu ist sehr klein.

Bei allen seinen Wundertaten wird jedoch deutlich, daß sie Menschen in Krankheit und Notlagen Hilfe bringen.

Wenn Jesus körperlichen Kontakt mit den Kranken herstellte durch Handauflegung, Benutzung von Speichel als Übertragungsmittel von Kraftwirkungen und Beschwörungsworte, so folgte er damit den bei Heilern weithin üblichen Techniken. Manche von Jesus geheilte Krankheiten würden wir heute psychische Krankheiten nennen. Damals sprach man von Besessenheit durch Dämonen. Heilung bedeutete in diesem Falle Austreibung von Dämonen.

Jesus war keineswegs der einzige Wundertäter in seiner Zeit und in seinem Volk. Von vielen damaligen jüdischen Rabbinern werden ganz ähnliche Taten erzählt. Nicht daß Jesus Wunder tat, fiel auf, sondern mit welcher Absicht er sie tat.

**Aufgabe**

• Welche Einstellung zu Wundern hatte der antike Mensch?
• Was versteht ein Parapsychologe unter „Wunder"?
• Wodurch unterscheidet sich Jesus von damaligen Wundertätern?
• Welche Bedeutung haben die Heilungswunder Jesu für ihn selbst?

# 18 HEILUNG

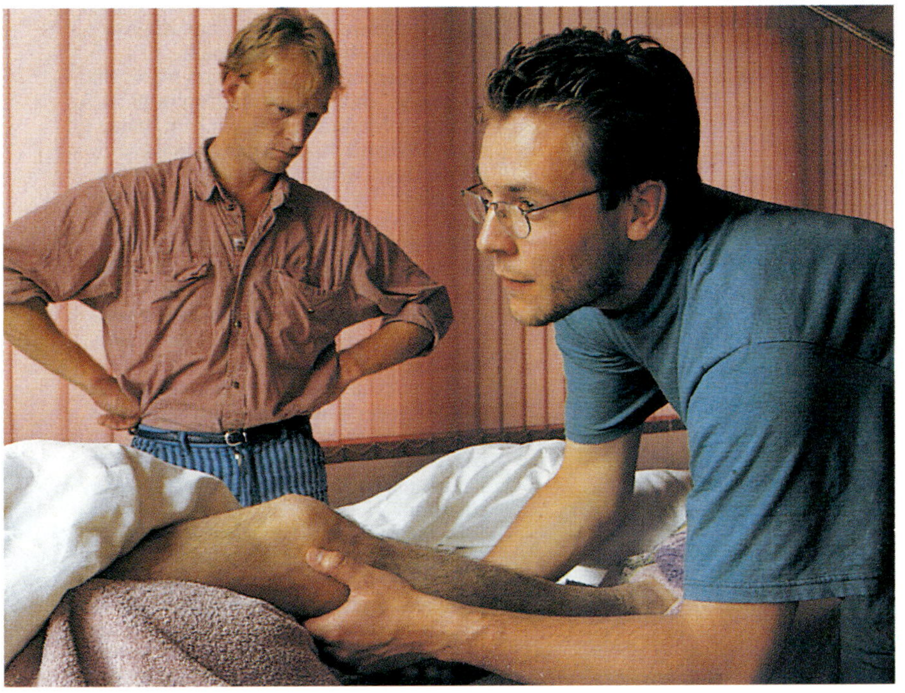

*Thomas Ernsting, Krankenhaus Herdecke, Bilderberg Archiv der Fotografen*

**Prof. W. Hollenweger berichtet von einer Heilung durch Gebet, die er selbst erlebt hat:**

Frau T. sprach mich nach einem Gottesdienst an und erklärte mir, sie leide an Platzangst. Ich fragte sie sofort, ob sie in psychiatrischer Behandlung sei, was sie bejahte. Ich sagte ihr, daß ich kein Psychiater sei, daß sie daher ihre Behandlung nicht unterbrechen dürfe. Unter diesen Bedingungen war ich bereit, sie regelmäßig – etwa alle zwei Wochen, gelegentlich auch wöchentlich – zu sehen. Ich betete jeweils ein kurzes Gebet mit ihr – das Unser Vater oder ein freies Gebet –, wobei ich ihre rechte Hand zwischen meine beiden Hände nahm. Nach kurzer Zeit fing sie an, mir Briefe zu schreiben und aufgeschriebene Träume mitzubringen. Ich las sie und fand sie aufschlußreich, ging jedoch in den kurzen Sitzungen nicht darauf ein, außer daß ich ihr für ihre Briefsendungen dankte.

Es dauerte nicht lange, so besserte sich ihr Zustand so weit, daß ich sie nicht mehr sehen mußte. Gleichzeitig besuchte ich ein psychiatrisches Klinikum am Kantonsspital in Zürich. Der Dozent lud uns ein, im zweiten Teil seiner Vorlesung eigene „Krankengeschichten" zur Diskussion mitzubringen. Da ich zufälligerweise schriftliche Unterlagen zum Fall der Frau T. hatte, konnte ich die Krankengeschichte rekonstruieren. Außer mir waren die übrigen Teilnehmer am Klinikum alle Ärzte. Als ich meine Geschichte vorgetragen hatte, wurde ich von den anwesenden Ärzten arg beschimpft: »Was fällt Ihnen eigentlich ein, daß Sie als Pfarrer in ein Gebiet eindringen, für das Sie nicht qualifiziert sind! Schuster bleib bei deinem Leisten usw.« Zum Glück kam mir der Dozent zu Hilfe: »Was hat denn der Pfarrer falsch gemacht? Er hat die Patientin nicht vom Besuch des Psychiaters abgehalten. Beten wird man doch wohl noch dürfen! Im übrigen«, fügte er zur allgemeinen Verblüffung bei, »bin ich der Psychiater gewesen, der Frau T. behandelte.«

Der Psychiater stellte schlicht fest, daß Frau T. von dem Moment an, wo mit ihr gebetet wurde, »aus dem Tunnel herausgekommen« sei. Er habe monatelang – wenn ich mich recht entsinne zwei Jahre lang – mit ihr gearbeitet. Nichts bewegte sich. Und da kommt dieser Pfarrer, und nach wenigen Sitzungen geht es aufwärts.

»Wie erklären Sie sich das?« fragte ich den Psychiater. »Könnte es nicht sein, daß das Gebet mit Realitäten in Verbindung bringt, die Sie nicht kennen?« Der Psychiater lächelte. »Die Hypothese 'Gott' ist in diesem Fall nicht zwingend«, erwiderte er. »Es genügt zum Beispiel einfach festzustellen: Frau T. ist geheilt worden. Wir wissen nicht, wie. Oder vielleicht läßt sich die Sache auch so erklären: Es gibt Menschen, von denen eine integrierende Kraft ausgeht. Sie gehören wahrscheinlich zu diesen. Darum ist der Frau geholfen worden.« ...

Eine Wunderheilung ist kein Gottesbeweis. Das bewies die Reaktion des Psychiaters. Es gibt immer alternative Erklärungen. Aber der, der geheilt worden ist, kümmert sich nicht um solche Erklärungen. Für ihn ist die Heilung ein leibhaftes Zeichen der Liebe Gottes.

Walter J. Hollenweger, Geist und Materie, Chr. Kaiser Verlag, München 1988, S. 35 ff

# 19 »SCHAUT DIE LILIEN AUF DEM FELD AN...« (Mt 6,28)

*»Aber ich sag nur,
laß doch, laß doch,
solang ich nur
GOTT buchstabieren
kann, hab ich ja
noch jemand.«*
*Alice Walker*

*Werner Richner, Lavendelfeld, Rechte beim Fotografen*

**Alice Walker: „Die Farbe Lila“**

Alice Walker beschreibt in ihrem Buch „Die Farbe Lila“, das durch Steven Spielbergs Verfilmung weltbekannt wurde, das harte Schicksal der jungen Schwarzen Celie. Celie hat niemand, mit dem sie über ihre tägliche Erfahrung von Erniedrigung, Vergewaltigung und erzwungener Ehe sprechen kann, außer Gott. Jede Seite ihrer Tagebuchaufzeichnung beginnt mit „Lieber Gott...“ Erst durch die Begegnung mit einer anderen schwarzen Frau, Shug, kann sie neue Erfahrungen machen, mit sich und mit Gott.

Shug: »Ich glaub, es stinkt Gott, wenn du irgendwo in einem Feld an der Farbe Lila vorbeigehst und sie nicht siehst...
Alles will, daß man es liebt. Wir singen und tanzen und schneiden Gesichter und schenken Blumen, weil wir wollen, daß man uns liebt...
Ja, da reden und reden wir über Gott, aber ich weiß immer noch nicht ein und aus. Probier, den alten weißen Mann aus meinem Kopf zu treiben. Ich hab so fleißig immer nur an ihn gedacht, daß ich nie richtig was gesehen hab, was Gott gemacht hat. Keine Kornähre (wie macht er das?), nicht die Farbe Lila (wo kommt die her?). Nicht die kleinen wilden Blumen. Nix. Jetzt, wo meine Augen aufgehen, komm ich mir vor wie ein Idiot.«

(Alice Walker, Die Farbe Lila, rororo neue frau, 1984, Seite 20 und 141)

# 20 WAS HEISST GOTTESHERRSCHAFT ?

## *Die politischen und ökonomischen Verhältnisse zur Zeit Jesu*

Die Zeit, in der Jesus lebte, war nicht rosig. Die damaligen Schriftsteller melden Hungersnöte, Erdbeben, Seuchen. Es gab Steuererlasse wegen der Notlagen, aber noch viel mehr brutale Ausbeutung und Besitzkonzentration in den Händen der Mächtigen. »Ihr wißt, die als Herrscher gelten, halten ihre Völker nieder, und ihre Mächtigen tun ihnen Gewalt an.« – so kommentierte Jesus die Lage (Mk 10,42). Es trifft auch die Situation, wenn ein anderes Wort Jesu feststellt: »Wer da hat, dem wird gegeben werden; von dem aber, der nicht hat, wird auch das genommen werden, was er hat.« (Lk 19,26). Die Armen fühlten sich den Geldverleihern wehrlos ausgeliefert.

Im römischen Reich des 1. Jahrhunderts nach unserer Zeitrechnung war die Bettelarmut für einen Großteil der Bevölkerung die Normalsituation. Auch die Evangelien berichten von Kranken und herumlungernden Bettlern (Lk 16,19-21; 14,23-24; Apg 3,2). Römische und jüdische Schriftsteller erwähnen Hungersnöte, Seuchen, Dürrekatastrophen, wirtschaftliche Verschuldung von Kleinbauern, Arbeitslosigkeit von Tagelöhnern (Mt 20,1-7). So wird berichtet, daß zu Beginn des jüdischen Aufstandes im Jahre 66 n.Chr. die Aufständischen zuerst das Stadtarchiv von Jerusalem anzündeten, um damit alle dort verwahrten Schuldverschreibungen zu vernichten. Als 67 n.Chr. im Zuge der Niederschlagung des Aufstandes der römische Feldherr Vespasian die galiläische Stadt Tarichea eroberte, verschonte er zwar die ortsansässigen Bürger, ließ aber rd. 40.000 Nichtseßhafte (Flüchtlinge, Bettler, Obdachlose, Kriminelle) gefangennehmen. Sie wurden entweder getötet oder als Sklaven verkauft. Vespasian hielt sie – sicher nicht zu unrecht – für einen politischen Unruheherd.

Ein Menschenalter zuvor hatte Jesus gerade solchen Leuten neuen Mut gegeben, indem er ihnen Sattsein und Lachen in der zukünftigen Gottesherrschaft ansagte (Lk 6,20-21) und sie in seiner Gegenwart durch wunderbare Speisung und Heilung schon vorab ein Stück dieser Zukunft erfahren ließ.

Die Botschaft des Alten Testaments von der Befreiung durch Gott aus Knechtschaft und Elend war im Judentum zu allen Zeiten lebendig. Die Hoffnung wuchs deshalb, daß Gott wie einst in Ägypten und in der babylonischen Gefangenschaft auch diesmal seinem Volk mit Macht zur Hilfe kommen und dabei seine Herrschaft, die jetzt noch verborgen war, sichtbar über der ganzen Erde aufrichten werde. Von dieser zu erwartenden Herrschaft Gottes sprachen damals die jüdischen Widerstandskämpfer („Zeloten“) mit leidenschaftlichem Engagement. Sie wollten im Namen Gottes die Römerherrschaft durch Terror erschüttern und damit das Reich Gottes schneller herbeizwingen.

„Zeloten“ bedeutet eigentlich „Eiferer“, „Leute, die sich mit Leidenschaft für etwas einsetzen“. Man versteht darunter die Gruppierung der patriotischen Front unter den Juden, die sich folgende Ziele gesetzt hatte:

1. Entfachung eines Volksaufstandes gegen die römische Fremdherrschaft.

2. Durchsetzung des jüdischen Gesetzes auf allen Gebieten (ähnlich den Pharisäern).

3. Verweigerung der Steuerzahlung an den römischen Kaiser.

4. Forderung sozialer Gerechtigkeit, vor allem die Abschaffung des Großgrundbesitzes und die Aufhebung der Schuldsklaverei.

Eine Sondergruppe der Zeloten stellten die „Dolchmänner“ („Sikarier“, von „sica“ = Sichel, Krummdolch) dar (bei Luther werden sie „Meuchelmörder“ genannt, Apg 21,38). Versteckt und auf offener Straße übten sie durch Attentate Terror aus gegen Römer und Römerfreunde.

Da Jesus das Kommen der Gottesherrschaft in allernächster Zeit erwartete, und da für ihn die Gottesherrschaft die Umwandlung des kosmischen und gesellschaftlichen Ordnungsgefüges ohne menschliche Mitwirkung bedeutete, konnte er den politischen Freiheitskampf der Zeloten nicht unterstützen. Die strenge Gesetzlichkeit der Zeloten und ihr fanatischer Haß gegen Rom entsprachen ebenfalls nicht seiner Einstellung zum Mitmenschen (Mt 5,9; 26,52).

Die Steuer an den Kaiser hat er nicht radikal abgelehnt (Mk 12,13-17). Daß er kein Freund der Unterdrücker war, zeigen seine Worte in Mk 10,42-44.

Die Zeloten fielen bei den jüdischen Aufständen 66-73 und 132-135 n.Chr. größtenteils den Römern zum Opfer. Die Männer und Frauen, die bis zum Jahre 74 n.Chr. die Festung Masada heroisch verteidigt und sich schließlich vor der Aufgabe selbst getötet haben, waren Zeloten.

## *Jesu Botschaft*

In dieser unruhigen Zeit verkündigte Jesus seine Botschaft. Mit der unerschütterlichen Gewißheit des Propheten sagte er: Das Reich Gottes ist nahe. Wo Menschen von ihren Nöten und Krankheiten geheilt wurden, wo Geächtete und Außenseiter bei Jesus wieder Kontakte und Zuwendung fanden, wo Traurige, Leidende und Arme wieder neu Hoffnung schöpfen konnten, da war nach Jesu Meinung Gott schon hier und jetzt in Aktion.

Es gab für Jesus Vorzeichen der künftigen Befreiung: Heilung, Speisung, Todesüberwindung, Schuldvergebung. Wer darauf seinen Glauben setzte, brauchte an der noch bestehenden Ungerechtigkeit der Welt nicht mehr zu verzweifeln, sondern konnte sich, wie Jesus selbst, jetzt und hier schon für die Gerechtigkeit einsetzen. Jesus hatte nicht die Absicht, bloß auf ein Jenseits zu vertrösten; er wollte Mut machen für das Diesseits.

## *Gegenwart und Zukunft*

Jesus hat an das baldige Kommen der Gottesherrschaft geglaubt, er hat aber jede Terminberechnung abgelehnt im Gegensatz zu vielen alten und neuen Sektierern! Er nahm nicht in großen Gemälden die Zukunft vorweg, sondern beschränkte sich auf den einfachen Vergleich: Aufgegangene Saat, reife Ernte, Hochzeitsfest, große Party. Ein gutes Beispiel stellt das Gleichnis vom Senfkorn dar (Mk 4,30-32): Was jetzt in kleinen Anfängen da ist in Jesu Person und seinem Tun, das ist nicht mehr als ein Senfkorn (kleinster Same im damaligen Orient); doch es wird eine Riesenstaude daraus werden (Senfstauden werden etwa drei Meter hoch!). Das Gleichnis betont also den Kontrast zwischen jetzt und nachher und ruft zum Vertrauen auf: Die bescheidenen Aktionen Jesu gehören zur endgültigen Gottesherrschaft genau so hinzu wie das Senfkorn zur Senfstaude. Das Kleine, Vorläufige ist wichtig, weil es mit dem Großen, Endgültigen zusammenhängt.

Zusammenfassend läßt sich sagen:
In der Gottesherrschaft werden die elementaren Bedürfnisse der Menschen befriedigt:
- Hunger und Durst werden gestillt;
- Menschen erleben Gemeinschaft;
- seelisches und körperliches Leid erfährt Heilung.

Wo Menschen wieder lachen, feiern, getröstet werden, beginnt das Reich Gottes heute schon zeichenhaft.

# 21 ERFAHRUNGEN, DIE DAS LEBEN VERÄNDERN

*»Als er nahe zum Hause kam, hörte er Singen und Tanzen«* (Lk 15,25)

*Foto: G.R. Naidoo, © Bailey Archives*

Das obige Zitat stammt aus einem der bekanntesten Gleichnisse Jesu, der Parabel vom verlorenen Sohn. Jesus bevorzugte die Sprachform der Gleichnisse, in denen er oft elementare Fragen menschlicher Existenz aufgriff, z.B.:

- **Was heißt, „das Gute tun"?** (vgl. Beispielerzählung vom barmherzigen Samariter, Lk 10)
- **Worin besteht sinnvolles Leben?** (vgl. Parabel vom verlorenen Sohn, Lk 15)
- **Ist nicht alle Mühe und jedes Engagement für das Gute nur ein Tropfen auf den heißen Stein?** (vgl. Gleichnis vom Senfkorn, Mk 4,30)

Jesus ist wohl der Meinung, daß es wenig Sinn macht, diese Fragen rein theoretisch zu verhandeln und die richtigen Antworten wie in einem Lehrbuch für Ethik und Religion zu vermitteln. Seine Gleichnisse regen die Phantasie an und wollen den Zuhörer in ein Geschehen hineinnehmen, in dem sie ein Stück weit erfahren können, was sinnvolles Leben oder Hoffnung bedeuten.

**Aufgabe**

- Versuchen Sie selbst einmal, Geschichten zu erzählen, in denen die Fragen aufgenommen sind.

# 22 WIE SIND JESU GLEICHNISSE ZU VERSTEHEN?

Wenn wir sprechen, verwenden wir immer wieder Ausdrücke und Sätze, die etwas vergleichen oder abbilden wollen. Wir greifen auf eine einfache, bekannte Sache zurück, um einen komplizierten Sachverhalt zu veranschaulichen. Die Freiheit – so sagt beispielsweise ein Psychologe – ‚ist so etwas wie ein Muskel; man muß sie gebrauchen und beanspruchen, sonst erschlafft und verkümmert sie'.

Es ist darum verständlich, daß in der Religion, wo es oft um schwierige, für das alltägliche Denken ungewohnte Aussagen und Zusammenhänge geht, das Gleichnis eine wichtige Rolle spielt. Alle großen religiösen Denker der Geschichte haben davon Gebrauch gemacht, auch Jesus. Die Religionswissenschaft hat sogar zeigen können, daß Jesus auf diesem Gebiet alle anderen vergleichbaren Lehrer und Weisen übertrifft, was Anschaulichkeit, Lebensnähe, Klarheit und soziales Engagement betrifft.

Die drei ersten Evangelien überliefern uns nicht weniger als 41 Gleichnisse, die auf Jesus zurückgeführt werden. Dabei ist jedoch zu beachten, daß der ursprüngliche Sinn eines Gleichnisses bisweilen von der frühen christlichen Gemeinde verändert wurde. Die Gleichnisse sollten auch in einer neuen Situation noch ihre Wirkung behalten: Was Jesus seinen jüdischen Zeitgenossen verdeutlichen wollte, mußte später in den christlichen Gemeinden in der römisch-griechischen Umwelt neu gesagt werden.

Die „klassische" Bibelwissenschaft unterscheidet zwischen dem eigentlichen „Gleichnis", der „Parabel", der „Beispielgeschichte" und der „Allegorie".

- Das **Gleichnis** gebraucht ein Bild, das auf eine alltägliche, jedermann bekannte Sache hinweist; z.B. den Hirten, der sein davongelaufenes Schaf sucht (Lk 15,4 ff.).
- Die **Parabel** ist eine frei erfundene Geschichte, die nicht alltäglich ist, aber irgendwann einmal so geschehen sein könnte; z.B.: »Es war ein reicher Mann, der hatte einen Verwalter...« (Lk 16,1ff.), oder: »Ein Mensch hatte zwei Söhne...« (Lk 15,11ff.). Die Parabel konzentriert sich meist auf den wesentlichen Punkt, den „Brennpunkt".
- Die **Beispielgeschichte** ist ein Musterfall, ein „Beispiel", das die Hörer nachahmen sollen; z.B. die „Geschichte vom barmherzigen Samariter" (Lk 10,29ff.): »So geh hin und tu desgleichen!«
- Die **Allegorie** erzählt eine Geschichte, bei der die einzelnen Personen und Umstände immer einen anderen Sinn im Auge haben. Eine solche Geschichte muß Zug um Zug ausgelegt werden. Das Sämannsgleichnis in Mk 4,1-8 wird in Mk 4,14-20 in eine Sämannsallegorie umgewandelt. Das Gleichnis will nur sagen: Der Bauer sät (im alten Palästina vor dem Pflügen, so daß Saatkörner auf den Trampelpfad, auf Steine, unter das Unkraut und auf dünne Erdschichten fallen); viel geht verloren, am Ende aber steht eine überraschend große Ernte. Jesus beschrieb damit sein Wirken: Trotz Mißerfolg und Widrigkeiten wird am Ende das Reich Gottes mit seiner Fülle da sein. Die Allegorie dagegen deutet die Einzelzüge: »Der Sämann ist der, welcher...«, »Was auf den harten Weg fällt, ist...«, »Was auf die Steine fällt, ist...«, »Was von den Vögeln gefressen wird, ist...« usw. Jesus hat die Allegorie, soweit wir sehen können, nicht gebraucht; sie war dagegen in der frühchristlichen Predigt beliebt.

Der Inhalt der Botschaft Jesu läßt sich in einem Satz zusammenfassen:
Gott will seine Macht und Herrschaft über Welt und Menschheit sichtbar enthüllen und dabei alle lebenszerstörenden Mächte wie Gewalt, Unrecht, Krankheit und Tod beseitigen. Den Zustand, in dem das Wirklichkeit wird, nannte Jesus „Reich Gottes" oder „Gottesherrschaft". Alle Gleichnisse, Beispielerzählungen und Parabeln Jesu reden vom Reich Gottes. Sie versuchen, das Unvorstellbare vorstellbar zu machen, und zwar nicht nur durch ei-

nen bloßen Vergleich oder ein Bild, sondern durch eine Geschichte, in der etwas geschieht. Gottesherrschaft ist für Jesus ein Geschehen, nicht Inhalt einer Lehre. Insofern lassen sich die Gleichnisse nicht auf einen moralischen oder theologischen Lehrsatz reduzieren.

Als Beispiel kann eine – auch für heutige Leserinnen und Leser zunächst wohl anstössige – Parabel dienen, die in Lk 16,1-9 steht:

*Der Verwalter eines großen Gutsbetriebs, dessen unlautere Machenschaften aufgedeckt werden, versucht sein Schäfchen ins Trockene zu bringen, indem er den abgabepflichtigen Pächtern seines Chefs durch Urkundenfälschung ihre Schulden vermindert und sie sich so zu seinen Komplizen und Freunden macht. Für diese „Klugheit" wird er von Jesus sogar noch gelobt.*

Gewöhnlich sehen die Ausleger den wesentlichen Punkt der Parabel in der Geistesgegenwart und Entschlossenheit des Verwalters: diese, und nicht etwa die damit einhergehende Amoralität lobte Jesus und meinte, so rasch und entschlossen müßten sich die Menschen auf die anbrechende Gottesherrschaft einstellen. Ein solches Verständnis ist sicher im Grunde richtig. Betrachtet man freilich die Parabel nicht als bloßen Vergleich mit Bild- und Sachhälfte, sondern als eine erzählte, dramatische Geschichte, in der sich Gottesherrschaft beispielhaft vollzieht, so läßt sich eine noch tiefer reichende Deutung finden.

Neuere rechtsgeschichtliche Untersuchungen haben gezeigt, daß in den hier angegebenen Schuldsummen (jeweils in Form von abzuliefernden Naturalien) vermutlich ein verdeckter Zins von beträchtlicher Höhe steckt. Es ist dieser Zins in Höhe von fünfzig bzw. zwanzig Prozent, den der Verwalter den Schuldnern kurzerhand erläßt. Damit werden auch die Bezeichnungen verständlich, welche in den Versen 8 und 9 die geläufigen Übersetzungen mit „ungerechter Verwalter" und „ungerechter Mammon" wiedergeben. Wörtlich heißt es aber: „Verwalter der Ungerechtigkeit" und „Mammon der Ungerechtigkeit".

Für Juden zur Zeit Jesu stellte das im Alten Testament (vgl. 2 Mose 22,24) verbotene (und daher in der realen Alltagspraxis gewöhnlich raffiniert verdeckte) Zinsnehmen einen Bruch der „Gerechtigkeit" dar. Im Hebräischen meint dieser Begriff soviel wie „Solidarität", „Gemeinschaftstreue".

Der Verwalter und sein kaschierter Zinsgewinn dienen also einem unsolidarischen System (Mammon = *das worauf man vertraut* bezeichnet in der jüdischen Literatur nicht einfach Geld als Tausch- und Zahlungsmittel oder Vermögensbesitz an sich, sondern stets eine Ungleichheit und Abhängigkeit stiftende Macht!).

Indem der „Verwalter der Ungerechtigkeit" den jeweiligen Schuldzins (Mammon der Ungerechtigkeit) erläßt, betrügt er zwar seinen Arbeitgeber, behandelt aber – paradoxerweise – dessen Schuldner „gerecht" im Sinne der jüdischen Ethik. Berücksichtigt man solche Einzelzüge in der Parabel, dann stellt diese u.a. die Gottesherrschaft erzählerisch als eine Wiederherstellung jener Gerechtigkeit dar, welche im jetzt noch herrschenden System der Ungerechtigkeit Menschen nur unter persönlichem Druck und aus eigenen Interessen heraus zu gewähren bereit sind, wie es der Verwalter tut.

Die Parabel erschöpft sich somit nicht in ihrem eigentlichen Vergleichspunkt, sondern sie will Menschen anleiten, die Gerechtigkeit des Reiches Gottes in ihrer Lebensgeschichte zu entdecken und in ihrem Alltag Raum zu schaffen.

**Aufgabe**

- Ein Gauner als Vorbild? Wie beurteilen Sie das Verhalten des Verwalters?
- Lesen Sie die Originalparabel und spielen Sie die Szene in einem Rollenspiel!

# 23 RELIGIÖSE GRUPPEN ZUR ZEIT JESU

**Essener**

Die Essener, die „Frommen", waren eine streng religiös ausgerichtete Gemeinschaft von Priestern und Laien. Sie lebten zumeist in Jerusalem und seinem Umland. Es gab zur Zeit Jesu etwa 4.000 Mitglieder dieser elitären Gruppe. Nur durch ein jahrelanges, strenges Aufnahmeverfahren, die Übergabe des gesamten Besitzes an die Gemeinschaft (bei erlaubtem Nießbrauch der Äcker, Gärten und Werkstätten) sowie den erklärten Verzicht auf eine zweite Eheschließung nach dem Tod des Partners oder einer Scheidung konnte jemand Mitglied werden. Da das Durchschnittsalter von Frauen damals unter dreißig Jahren, das der Männer aber erheblich darüber lag, lebte faktisch mindestens die Hälfte der Essener ehelos. Mönche oder Zölibatäre waren sie aber deshalb nicht. Wie Jesus erwarteten die Essener einen baldigen Anbruch der Gottesherrschaft. Sie stellten sich darauf ein, durch ein streng geregeltes Leben mit Handarbeit, Studium der Heiligen Schrift und Gebet. Die Verbindung zu Nicht-Essenern wurde möglichst vermieden. Sie verstanden sich als die „Söhne des Lichtes", die von den „Söhnen der Finsternis" geschieden sind und die sie zu hassen gelehrt wurden. Sie warteten auf zwei Messiasse: einen priesterlichen „Messias aus dem Hause Aaron" und einen königlichen „Messias aus Israel."

Weder Jesus noch die Urgemeinde sind mit den Essenern gleichzusetzen. Das priesterliche Elitedenken, das strenge Festhalten am zeremoniellen Gesetz (Opferwesen; Reinigungen, Kalenderfragen), der Rückzug aus dem normalen weltlichen Leben, der betonte Haß gegen Angehörige anderer jüdischer Gruppen sind grundlegende Unterschiede zu Jesu Verkündigung und Verhalten.

Im Neuen Testament werden die Essener nicht erwähnt. Ihre Gemeinschaft ist im jüdischen Aufstand größtenteils zerschlagen worden. Eine ihrer Studien- und Ausbildungsstätten wurde 1947 in Qumran am Toten Meer entdeckt und in den letzten vierzig Jahren wissenschaftlich erforscht. Teile der Bibliothek, die sorgfältig in den umliegenden Höhlen vor dem Zugriff der Römer versteckt worden waren und erhalten geblieben sind, wurden durch einen Zufall mitentdeckt. Sie werden der Öffentlichkeit bald komplett vorliegen. Das Bild des damaligen Judentums wird durch diese Schriften bunter und vielfältiger; das neutestamentliche Bild Jesu verändern sie jedoch nicht.

**Sadduzäer**

Das Wort Sadduzäer ist abgeleitet von Sadok (oder Zadok) dem Namen eines führenden alttestamentlichen Priesters aus der Zeit Davids und Salomos (1. Kön 1,8 u. 32). Die Sadduzäer waren Jahrhunderte hindurch eine priesterliche Interessengruppe am Jerusalemer Tempel, die sich z.Z. Jesu längst verbunden hatte mit den einflußreichen und wohlhabenden Familien des Landes und mit diesen zusammen Politik und Wirtschaft bestimmten. Zwischen 6 und 70 n.Chr. stammten fast alle Hohepriester (das höchste religiöse und politische Amt für einen Juden in dieser Zeit!) aus ihrem Kreis.

Die religiöse Laienbruderschaft der Pharisäer wurde von den Sadduzäern abgelehnt (z.B. wegen ihrer Ausweitung des Gesetzes über die alttestamentlichen Gebote hinaus und ihres Glaubens an die Totenauferstehung, Mk 12,18). Die Sadduzäer waren konservativ eingestellt. Sie waren jedoch bereit, mit der römischen Besatzungsmacht zusammenzuarbeiten, um damit ihre Privilegien zu sichern. Der jüdische Geschichtsschreiber Josephus schreibt über sie: »Die Sadduzäer überzeugen nur die Reichen, das Volk ist ihnen nicht günstig gesinnt.«

Die Feindschaft zwischen Jesus und den Sadduzäern läßt sich leicht erklären: Jesus suchte eher die Nähe der Unterschicht als die der Aristokratie. Seine Lehre mußte in den Augen der Sadduzäer pharisäisch klingen. Von seinen Worten und seinem Verhalten ging Unruhe aus, die das Eingreifen der Römer und blutige Zusammenstöße auslösen konnten. Da die Sadduzäer die meisten Sitze im Hohen Rat (= höchster Gerichtshof in Religionsangelegenheiten) inne hatten, konnten sie leicht gegen Jesus aktiv werden.

Die Sadduzäergruppe ist mit der Katastrophe von 70 n.Chr. untergegangen.

**Samaritaner**

Die Samaritaner, auch „Samariter" genannt, waren eine Volksgruppe im Gebiet der alten Stadt Samaria. Sie bildeten ein Mischvolk, waren Nachkommen von Israeliten aus dem Nordreich und Nachkommen einer von den Assyrern nach 722 v.Chr. dort zwangsangesiedelten, aus Babylonien deportierten Bevölkerungsgruppe. Als Heilige Schrift hatten sie vom AT lediglich die 5 Mosebücher (den sogenannten „Pentateuch") übernommen und hielten sich im we-

sentlichen an die dort gebotenen religiösen und zivilen Vorschriften. Die Juden, vor allem die strenggläubigen, sahen dennoch in ihnen Ketzer und stellten sie mit den Heiden auf eine Stufe. Durch Jahrhunderte herrschte zwischen Juden und Samaritanern gegenseitige Ablehnung bis hin zur offenen Feindschaft. Das spiegelt sich auch bei den Jesusanhängern wider, die dort nicht missionierten (Mt 10,5); doch hat Jesus in einer die frommen Juden scharf herausfordernden Weise Angehörige des Samaritervolkes als Beispiel rechten Verhaltens vorgestellt (Lk 10,30-36; Lk 17,11-19).
Noch heute gibt es in der Stadt Nablus, nahe der alttestamentlichen Stadt Sichem und nahe dem Ort Sychar (in Joh 4,3-30 erwähnt!), eine Gruppe von rund 250 Samaritanern. Sie pflegen die alten Traditionen weiter.

*Foto: Ted Spiegel, South Salem, New York. Studium der Tora*

**Pharisäer**
Am häufigsten werden in den Evangelien die Pharisäer als Gegner Jesu erwähnt. Der Name bedeutet „die Abgesonderten". Die Pharisäer waren im Gegensatz zur Priesteraristokratie des Tempels eine Laienbewegung. Sie bemühten sich, das überlieferte Gesetz, welches das religiöse und zivile Leben des Juden regelte, genau zu achten. Sie stellten sich nicht nur unter die Tora (biblische Gesetzbücher), sondern auch unter die große Zahl der in späterer Zeit hinzugekommenen Gesetzesauslegungen und suchten in ihrem Alltag als Händler, Bauern und Handwerker entsprechend zu leben.
Von allen Gruppierungen stand Jesus den Pharisäern am nächsten, und er hatte gewiß unter ihnen auch Freunde (z.B. Nikodemus, Joh 3,1–11 und 19,39; Lk 7,36). Die Pharisäer und Jesus stimmten darin überein, daß Gott am ethischen Verhalten der Menschen interessiert ist, daß es eine Neuschaffung des Lebens und die Auferweckung der Toten durch Gottes Macht in der Zukunft geben wird. Strittig zwischen ihnen war, ob nur der in die Gottesherrschaft gelangt, der die vielen Ge- und Verbote des Gesetzes genau erfüllt oder nach Kräften zu erfüllen sucht. Jesus sprach auch denen das Angenommenwerden durch Gott zu, die wegen ihrer Armut, Unwissenheit und körperlichen Gebrechen gar nicht in der Lage waren, gesetzestreu zu leben.
Die pharisäische Bewegung überstand die Zerstörung Jerusalems nach dem jüdischen Aufstand (70 n.Chr.) und prägte die Entwicklung des Judentums in den folgenden Jahrhunderten.
Die Auseinandersetzung der frühen Kirche mit dem Judentum in der Zeit der Entstehung der Evangelien, zwischen 70 und 100 n.Chr., war darum in erster Linie eine Auseinandersetzung mit dem Pharisäismus.
Im Johannes-Evangelium (um 90 n.Chr.) werden „Pharisäer" und „Juden" oft gleich gesetzt (vgl. z.B. 8,13 und 22; 9,13.15 und 8,22) und als Feinde Jesu, ja sogar Gottes bezeichnet. Der Vorwurf gipfelt in dem Satz: Die Juden haben den Teufel zum Vater (8,44) – ein krasser Widerspruch zu der Aussage, daß das Heil von den Juden kommt (4,22). Auch bei Paulus finden sich solche Widersprüche: er selbst ist Jude und wohl auch Pharisäer (vgl. 2. Kor 11,22f.; Apg 22,3), der sein Volk hochschätzt (Röm 9,1-5), andererseits aber schreiben kann, daß die Juden Gott mißfallen und allen Menschen gegenüber feindlich sind (1. Thess 2,15).
Dieser Antijudaismus ist nur als aggressive Reaktion von christlich gewordenen Juden zu verstehen, die wegen ihres neuen Glaubens von ihren Volksgenossen verfolgt und aus der Synagogengemeinschaft ausgeschlossen wurden (vgl. Joh 9,22; 12,42; 16,1-2).
Die Wirkungsgeschichte derartiger Aussagen im Neuen Testament war verheerend, als christliche und säkulare Antisemiten in den folgenden Jahrhunderten sich diese Polemik zueigen machten und mit ihr das Judentum bekämpften (vgl. Röhm/Thierfelder, Kirche-Staat-Politik, Oberstufe Religion 3, Seite 61).

**Zeloten**
vgl. S. 31 f. + 38 f.

# 24 MÜNZEN ALS PROPAGANDA

*Tiberius-Denar*

Münzen stellten im Altertum neben ihrer Funktion als Zahlungsmittel auch eine Art von Informations- bzw. Propagandainstrument der Herrscher dar, die sie prägen ließen. Ihre Bilder und Aufschriften wurden von unzähligen Menschen bis in die abgelegensten Gebiete betrachtet und gelesen.

An den hier angebrachten kaiserlichen Würdetiteln, die göttliche Macht ausdrücken, nahmen die Juden begreiflicherweise Anstoß; sie mußten die Münzen jedoch wohl oder übel im täglichen Zahlungsverkehr verwenden.

Auf Bild und Inschrift eines Tiberius-Denars (Abb. 1 und 2) berief sich Jesus in der Diskussion über die Steuerfrage (Mk 12,14ff.). Der Denar (Luther: „Groschen") machte im damaligen Palästina den Tageslohn eines Arbeiters aus (Mt 20,2), war also nicht wenig (vgl. das eifrige Suchen der Frau im Gleichnis vom verlorenen Denar, Lk 15,8, und die herausgestellte Großzügigkeit des barmherzigen Samariters, der für die Pflege des Verletzten zwei Denare hinterläßt, Lk 10,35). Er war aus Silber und trug um das Kopfbild des Kaisers herum die z.T. abgekürzten Worte: TI(BERIUS) CAESAR DIV(I) AUG(USTI) F(ILIUS) AUGUSTUS = Kaiser Tiberius, des göttlichen Erhabenen Sohn, selbst Erhabener. Auf der Rückseite steht: PONTIF(EX)-MAXIM(US) = Höchster Priester (später wurde dies ein Titel der römischen Päpste!). Dazwischen thront die Friedensgöttin Pax mit Langszepter und Ölzweig (Friedenssymbol!) in Händen. Die über einen langen Zeitraum hinweg und in großer Stückzahl geprägte Münze wurde über den reinen Geldwert hinaus zugleich als Symbol der Macht und der religiös-politischen Friedensideologie (Pax Romana) des römischen Weltreichs angesehen. Der Geschichtsschreiber Sueton berichtet, daß demjenigen, der einen solchen Tiberiusdenar als Zahlungsmittel in einem Bordell oder einer öffentlichen Bedürfnisanstalt verwendete, die Hinrichtung drohte: Dies galt bezeichnenderweise als Religionsverbrechen.

Kein Wunder, wenn jüdische Eiferer immer wieder Bild und Inschrift auf Münzen mit Hammer oder Feile unkenntlich machten. Diese **FAUSTINA-MÜNZE** stammt aus dem

*Salvador Dali, Das Abendmahl, 1955, © VG Bild-Kunst, Bonn / Demart pro arte B.V.*

# 27 JESU VERSTÄNDNIS SEINES TODES

Wie Jesus selbst seinen Tod verstanden hat, läßt sich aus den neutestamentlichen Quellen mit hinreichender Sicherheit beantworten.

## *Der Bezug zum AT*

Jesus wußte aus seiner Bibel, dem Alten Testament, aber auch aus dem Schicksal des Täufers Johannes, daß Propheten oft um ihrer Sendung willen Anfeindung, Leiden oder gar den Tod auf sich nehmen mußten, und er bezog solches auch auf sich selbst (Lk 13,33: Märtyrertod als Prophet in Jerusalem!). Als Jesus nach Jerusalem zog und im Tempel die Geldwechsler und Opfertierhändler hinausjagte, war ihm das Gefährliche eines solchen Unternehmens sicher bewußt. Daß Jesus seinen Tod voraussah, wird vollends deutlich beim letzten Mahl. Es ist umstritten, ob dieses letzte Mahl ein Passahmahl war oder nur ein besonders hervorgehobenes Gemeinschaftsmahl des engsten Jesuskreises.

## *Das letzte Mahl*

Beim Passahmahl war es die übliche Pflicht des Hausvaters, die Speisen in Bezug zu setzen zu den Ereignissen des Auszugs der Vorfahren aus Ägypten (»Warum ißt man das gebratene Lamm, die bitteren Kräuter, das ungesäuerte Brot usw.? Darum, weil...«). Als Hausvater in diesem Kreis deutete Jesus beim letzten Mahl – den Passahcharakter einmal vorausgesetzt – die Speisen, die er darreichte, in einem ganz neuen Sinn: Das gebrochene Brot ist sein gebrochener Leib, der in den Becher gegossene Wein ist sein vergossenes Blut. Damit spielte er auf seinen gewaltsamen Tod an, den er als Opfer verstand. Indem Jesus Brot und Wein den Jüngern zum Verzehr darbot, gab er ihnen zu verstehen, daß dieser Opfertod ihnen zugute kommen würde. Jesus benutzte also eine religiöse Symbolik, die seinem Schülerkreis verständlich sein mußte (vgl. Jes 53,4ff.).

## *Der Tod am Kreuz*

Sein Tod am Kreuz erfolgte – wie üblich bei dieser Strafe – unter Qualen. Die Worte »Mein Gott, mein Gott, warum hast du mich verlassen?« sind ein Zitat aus dem 22. Psalm. Die Gefühle und Hoffnungen, die im ganzen Psalm zum Ausdruck kommen, weisen auf einen Menschen, der für die Sache Gottes eintritt und sich dabei von den Menschen und schließlich auch noch von Gott verlassen glaubte. Dennoch ließ er die Hoffnung auf Gott nicht fahren.

**Aufgabe**

- Welche Anklagepunkte wurden von den Römern und von jüdischen Kreisen gegen Jesus vorgebracht?
- Welche Instanz verhängte die Todesstrafe und vollstreckte sie?
- Wie hat Jesus nach Darstellung der Evangelien seinen Tod gedeutet?
- Wie wirkt das Abendmahl von Dali auf Sie?
- Was möchte der Künstler damit aussagen?

# 28 »WAS SUCHT IHR DEN LEBENDEN BEI DEN TOTEN?« (Lk 24,5)

*Fra Angelico (1387-1455), Auferstehung, Fresko S. Marco, Florenz*

Die Evangelien berichten, daß Jesus nicht im Tod geblieben ist, sondern vom Tod auferweckt wurde. Über das „Wie" dieses Vorgangs geben sie keine Auskunft; sie berichten nur vom „Daß". Wissenschaftlich gesehen kann man dies weder beweisen noch widerlegen. Man kann allenfalls beweisen, daß die Anhänger Jesu fest daran geglaubt haben, daß Jesus lebt, und daß sie zu diesem Glauben durch im NT bezeugte Erfahrungen gekommen sein müssen und nicht durch bloße Gedanken. Die in 1 Kor 15,4ff. und in den Evangelien bezeugten Erscheinungen des auferstandenen Jesus müssen so überzeugend gewesen sein, daß die Jünger, die schon vor der Hinrichtung Jesu davongelaufen waren aus Angst, es könne ihnen ähnlich ergehen, nun das gefährliche Risiko auf sich nahmen, sich öffentlich zu einem gekreuzigten Aufrührer zu bekennen. Ohne diese Erfahrungen wäre jedenfalls die Jesusbewegung bald im Sande verlaufen.

**Aufgabe**

- Vergleichen Sie die Auferstehungsbilder von Fra Angelico und J. Schreiter.

# 29 OSTERN – HOFFNUNG ÜBER DEN TOD HINAUS

wenn ich gestorben bin
hat sie gewünscht
feiert nicht mich
und auch nicht den tod
feiert *den*
der ein gott von lebendigen ist

wenn ich gestorben bin
hat sie gewünscht
zieht euch nicht dunkel an
das wäre nicht christlich
kleidet euch hell
singt heitere lobgesänge

wenn ich gestorben bin
hat sie gewünscht
preiset das leben
das hart ist und schön
preiset *den*
der ein gott von lebendigen ist

Kurt Marti, Leichenreden,
Hermann Luchterhand Verlag,
Darmstadt und Neuwied 1975

„Mir ist eins klargeworden: Wer diesen Jesus von Nazareth als den Auferstandenen und folglich Lebenden erfahren will, dem bleibt nichts anderes übrig, als den Sprung in die ungesicherte Tiefe des **Transrationalen** zu wagen..."

*J. Schreiter*

*Osterfenster von Johannes Schreiter*
*Melanchthonkirche Mannheim, 1990*
*Foto: Privatarchiv des Künstlers*

# 30 WÜRDETITEL JESU

*Das Bekenntnis des Petrus,
Markus 8,27-33*

(27) Und Jesus ging fort mit seinen Jüngern in die Dörfer bei Cäsarea Philippi. Und auf dem Wege fragte er seine Jünger und sprach zu ihnen: Wer sagen die Leute, daß ich sei? (28) Sie antworteten ihm: Einige sagen, du seist Elia; andere, du seist einer der Propheten. (29) Und er fragte sie: Ihr aber, wer sagt ihr, daß ich sei? Da antwortete Petrus und sprach zu ihm: Du bist der Christus! (30) Und er gebot ihnen, daß sie niemanden vom ihm sagen sollten. (31) Und er fing an, sie zu lehren: Der Menschensohn muß viel leiden und verworfen werden von den Ältesten und Hohenpriestern und Schriftgelehrten und getötet werden und nach drei Tagen auferstehen. (32) Und er redete das Wort frei und offen. Und Petrus nahm ihn beiseite und fing an, ihm zu wehren. (33) Er aber wandte sich um, sah seine Jünger an und bedrohte Petrus und sprach: Geh weg von mir, Satan! denn du meinst nicht, was göttlich, sondern was menschlich ist.

• Wie ist die Szene aufgebaut, und was ist daran überraschend?

*Eine wissenschaftliche Hypothese*

So gut wie alle Ausleger bestreiten, daß sich die Szene Mk 8,27-33 historisch so wie beschrieben abgespielt hat. Das Schweigegebot (V 30) sei typisch für die Theologie des Evangelisten Markus. Die Leidens- und Auferweckungsankündigung (V 31) sei eine typisch summarische Zusammenfassung des Glaubensbekenntnisses der nachösterlichen Gemeinde vom Kreuz und der Auferstehung Jesu. Das Wort Jesu „Weg mit dir, Satan" stammt vermutlich jedoch aus ältester Zeit. Petrus war schon sehr früh der „Apostelfürst". Einige Neutestamentler nehmen an, daß die dem Evangelisten (oder seiner Quelle) vorgelegene Urform der Szene nur aus den Versen 27, 28, 29, 33 bestand.
Petrus bezeichnet Jesus als „Messias" (= Christus) und wird deswegen schroff abgewiesen. „Messias" konnte zur Zeit Jesu nur politisch-diesseitig verstanden werden. Die Vorstellung vom leidenden und auferstehenden Messias kannte das damalige Judentum noch nicht.

Jesus sah in dem nationalen Herrschertum eine für ihn gefährlich versucherische Zumutung: So denken Menschen, nicht Gott! Als dann – nach Ostern – die Gemeinde Jesus die Messianität zuschrieb, wurde das alte Traditionsstück durch die Verse 30-32 erweitert: Jetzt akzeptiert Jesus die Messiaswürde, gebietet aber, sie vorerst noch geheimzuhalten – typisch für Markus! Petrus wird nun nicht mehr „Satan" gescholten, weil er Jesus Messias nennt, sondern weil er Jesus vom gottgewollten Leiden abhalten will.

Durch diese Neugestaltung der ursprünglichen Szene bringt der Evangelist den Glauben der nachösterlichen Gemeinde zum Ausdruck, daß durch die Auferstehung Gott diesen Jesus von Nazareth als Messias – allerdings als leidenden Messias – „bestätigt" hat.

*Salvador Dali: Le Christ de Gala, 1978*
*© VG Bild-Kunst, Bonn 1993 / Demart pro arte B.V.*

## *Gottessohn – für mich / Ein Bekenntnis*

*Es hat* einmal und es hat *einmal* in der Weltgeschichte den ungeheuren Fall gegeben, daß jemand mit dem Anspruch eines Gottessohnes und mit der Behauptung „Ich und der Vater sind eins" aufgetreten ist und daß er die Legitimation für diesen Anspruch nicht so erbrachte, daß er sich überirdisch gebärdete oder die Menschen vor seiner Weisheit erstarren ließ oder „Erkenntnis höherer Welten" vermittelte, sondern daß er seine Bestätigung durch die Tiefe suchte, in die er sich hinabließ. Ein Gottessohn, der seinen Titel mit dem Argument verteidigt, daß er auch dem Ärmsten und dem Schuldbeladenen noch Bruder ist und dessen Last auf sich nimmt: Von diesem Faktum kann man nur kopfschüttelnd Kenntnis nehmen – oder man muß anbeten. Was soll uns denn der übliche religiöse Schaum? Was richten denn die frommen Sentimentalitäten im Ernste aus? Sind sie nicht wirklich „Opium"? Was geht es mich an, wenn ich in Gott nur den Schöpfer der Milchstraßen und Sonnensysteme oder der Mikrokosmen der Atomwelt sehe? Was schert mich dieser Gott des Größten und Kleinsten, wenn mich mein Gewissen peinigt, wenn ich an meiner Einsamkeit ersticke, wenn die Lebensangst mich würgt – und ich bin ein Häufchen Elend, und in der U-Bahn glotzen sie alle vor sich hin und keiner sieht mich...

Was habe ich davon, wenn mir jemand sagt: Es gibt eine höchste Intelligenz, die die Weltschöpfung konzipert, die das Kausalgesetz erfunden und die Planeten in ihre Bahn hineinmanövriert hat? Da kann ich nur antworten: „Ach, was du nicht sagst? Eine etwas abenteuerliche Idee, aber fast zu schön, um wahr zu sein" – und dann lese ich meine Zeitung weiter oder lasse den Bildschirm aufleuchten. Denn das wäre keine Botschaft, von der ich leben könnte. Aber wenn mir jemand sagt: Es gibt einen, der weiß um dich; dem geht es nahe, wenn du deine eigenen Wege gehst, und er hat sich's etwas kosten lassen (nämlich den ganzen Aufwand zwischen Krippe und Kreuz!), um der Stern zu sein, auf den du schauen darfst, um der Stab zu sein, an dem du gehen, und der Quell, an dem du ruhen kannst – wenn mir einer das sagt, dann horche ich auf. Dann könnte das eine Revolution in meinem Leben bedeuten; und schließlich auch eine Revolutionierung der Welt.

Helmut Thielicke, Das Fest des Lichts, in: Ulrich Beer / Volker Katzmann, Jesus für heute geboren, Katzmann Verlag, Tübingen 1979, 82 f

# MESSIAS
# CHRISTUS
# GOTTESSOHN

## *Sinn und Bedeutung der Würdetitel Jesu*

Die zeitgenössischen Anhänger Jesu wie auch die spätere christliche Urgemeinde standen vor der Aufgabe, Jesu Predigt und Verhalten mit Worten zu deuten: Sie beschäftigte Jesu Vollmacht, seine Verbundenheit mit Gott, sein schimpflicher Tod am Kreuz und seine als Erhöhung zu Gott verstandene Auferstehung. Die Deutung Jesu mußte für Juden und Nichtjuden der damaligen Zeit verständlich sein. Sie sollte entsprechende religiöse Assoziationen und Hoffnungen wecken. Inhalt der Deutung Jesu war der Glaube, daß Gott selbst durch diesen Jesus von Nazareth gehandelt hat. Er hat sein Wesen (z.B. seine Liebe, seine Bereitschaft, Menschen anzunehmen) durch das Wesen Jesu ein für allemal offenbar gemacht. Als sprachliche Deutungsmuster dienten mehrere Würdetitel, die man aus der religiösen Tradition kannte (z.B. Messias/Christus, Menschensohn, Gottessohn). Ein Titel reichte nicht aus. Jesus sprengte den Bedeutungsgehalt jedes einzelnen Titels, wenn man ihn allein für sich genommen hätte.

Das damalige Judentum kannte mehr Würdebezeichnungen als diejenigen, die Jesu Schüler zur Deutung ihres Meisters verwendet haben. Auf Jesus paßten nicht Namen von Engeln und himmlischen Wesen („Engelfürst", „Weisheit"). Es ist bezeichnend, daß Jesus nicht mit solchen Mittlergestalten, die zwischen Gott und Menschen stehen, gleichgesetzt wurde. Jesus war und blieb Mensch aus Fleisch und Blut.

Jesus wurde zu Lebzeiten auch nicht „Gott" genannt. Im Alten Testament ist Gott streng jenseitig und nicht abbildbar vorgestellt (»Du sollst dir kein Bildnis noch irgendein Gleichnis von Gott machen!«). Der jüdische Monotheismus duldete außerdem keine Götter neben dem einen Gott (»Du sollst keine anderen Götter neben mir haben!«). Im Unterschied

ICHTHYS = Fisch

| | | | | |
|---|---|---|---|---|
| A. Historisch wissenschaftliche Ebene | I | = JESUS, d.h. der historische Jesus: der Mann aus Galiläa, ca. 30 n. Chr. hingerichtet | | |
| B. Glaubens-, Bekenntnis-, Deutungs-Ebene | Χ | = Ch | = CHRISTUS | (**Ch**ristos) |
| | Θ | = Th | = GOTTES- | (**Th**eou) |
| | Υ | = Y | = SOHN | (Hyios) |
| | Σ | = S | = ERLÖSER | (**S**oter) |

dazu war für die Griechen der damaligen Zeit ohne Schwierigkeit vorstellbar, daß Götter in Menschengestalt auf Erden wandeln. So heißt es in Homers Odyssee: „Götter gehen ja doch auch durch die Städte; in manchen Gestalten kommen sie, sehen dann aus, als wären sie Fremde vom Ausland." (Mit diesen Versen wird jemand getadelt, der dem als Bettler verkleideten heimgekehrten Odysseus das Gastrecht verweigert. Der Bettler könnte ein Gott sein! Vgl. auch Apg 14,11ff.).

## *Messias/Christus*

Messias bedeutet in der Sprache Jesu, in aramäisch, „Gesalbter", „König". Dasselbe lautet in griechischer Sprache „Christus". Könige wurden in Israel wie anderwärts gesalbt. Das Einreiben von Kopf und anderen Körperteilen mit parfümierten Olivenöl galt seit Urzeiten als Akt der Stärkung eines Menschen (Öl als Kräftigungs- und Heilmittel!). In späterer Zeit wurde die Salbung als eine Art Rechtsakt verstanden, der zu bestimmten Amtsfunktionen befähigte; so etwa im Falle der Königs- und Priestersalbung, die es noch heute in bestimmten Monarchien und in der katholischen Kirche gibt.

Die Juden zur Zeit Jesu bezeichneten mit dem Titel „Messias" den erwarteten gerechten König aus dem Geschlecht Davids, der sein Volk von aller Ungerechtigkeit und Unterdrückung durch fremde Völker befreien und es wieder zu einer politischen Großmacht machen wird (Jes 9,5-6). Je länger die Zeit ging, um so weniger wurde der Messias als Politiker und Krieger und um so mehr als Regent mit prophetischer Geistbegabung verstanden (Sach 9,9-10 und Jes 11,1-5). In der Zeit Jesu stand allerdings wieder das Bild des Messias als eines politischen Befreiers im Vordergrund (vgl. Zeloten, S. 31). Es ist darum verständlich, daß sich Jesus nicht mit diesem Titel bezeichnet hat. Wenn überhaupt, dann hat Jesus nur den Titel Menschensohn auf sich bezogen, einen Titel, der am wenigsten mit politischer Herrschaft in Verbindung gebracht werden konnte. Andere haben in Jesus den Messias gesehen. Aufgrund der Erfahrung von Kreuz und Auferstehung wurde der jüdische Hoheitstitel christlich neu geprägt zum „leidenden Messias". Aus dem Titel „Jesus – der Messias" wurde unter griechisch sprechenden Christen der Titel „Jesus – Christus". Dieser wurde schließlich wie ein Eigenname verwendet, z.B. in der Formel „Im Namen Jesu Christi".

## *Gottessohn*

Die Bezeichnung „Gottessohn" ist ein Hoheitstitel, der sich sowohl im griechisch-römischen Heidentum als auch im Judentum findet. Schon die Ägypter kannten diesen Titel: Die Pharaonen wurden als leibhaftige Söhne des Sonnengottes Re betrachtet. Auch im Alten Testament findet man die Vorstellung, daß der König in einem engen personalen Verhältnis zu Gott steht. »Du bist mein Sohn, heute habe ich dich gezeugt« (Psalm 2,7) ist vermutlich ein Prophetenspruch, der an den israelitischen König bei seiner Thronbesteigung gerichtet wurde. Derselbe Satz konnte jedoch auch im weltlichen Bereich bei der Adoption eines Kindes gesprochen werden. Für Israeliten war also der jeweilige König „Sohn Gottes". Die Annahme als Sohn durch Gott war jedoch als Willensakt zu verstehen und nicht als naturhafte Zeugung. Nur andere Völker, wie die Ägypter und die Griechen, glaubten an die physische Zeugungskraft der Götter. So galten Pharaonen, Alexander der Große, Augustus und Plato als von einer männlichen Gottheit gezeugte Männer. Beim Zeugungsvorgang hatte die menschliche Mutter in der Regel eine unberührte Jungfrau zu sein. Anklänge an diese mythologische Auffassung finden sich in den Erzählungen von der jungfräulichen Geburt Jesu (nur bei Mt und Lk bezeugt). In den biblischen Evangelien ist Gott nicht der männliche Erzeuger, sondern lebenschaffende Macht.

*Willy Fries, Das Gewicht der Welt.*
*Wandgemälde im reformierten Kirchengemeindehaus Kilchberg/Zürich*
*Foto: Karl Sprecher*

Der Titel „Gottessohn" hat seinen Ursprung sicher nicht im Zusammenhang der Jungfrauengeburtgeschichte. Im jüdischen Volksglauben war es üblich, daß besonders fromme und gerechte Männer als „Söhne Gottes" oder „Söhne des Höchsten" bezeichnet wurden. Es ist darum nichts Auffälliges, daß die Anhänger Jesu ihren Meister ebenso bezeichnet haben.

Die enge Beziehung Jesu zu Gott drückte sich auch in seiner Gebetsanrede „Vater" aus. In Mt 11,27 nennt Jesus sich selber Sohn.

In Römer 1,3-4 greift Paulus auf ein altes, von der Urgemeinde überliefertes christologisches Bekenntnis zurück, demzufolge Jesus, der Nachkomme Davids, durch seine Auferweckung von den Toten zum Sohn Gottes eingesetzt („inthronisiert") wurde.

Paulus selbst war jedoch der Überzeugung, daß Jesus bereits von Ewigkeit her Gottessohn ist, der sich als solcher zum Menschsein erniedrigt und damit die Menschen zu Söhnen und Töchtern Gottes befreit (Gal 4,4–7).

Auch der Verfasser des Johannesevangeliums teilte den Glauben an die sogenannte Präexistenz des Gottessohnes (Joh 3,16-17).

Diese Bekenntnisse erwuchsen aus einer den vor- und nachösterlichen Jesus zusammenschauenden Glaubensreflexion.

Das bekannte christliche Fisch-Symbol kann die Fragestellung und den Sachverhalt verdeutlichen.

# 31 CHRISTUSBEKENNTNISSE HEUTE

*Wer ist Jesus Christus für Sie?*

Ich glaube an Jesus Christus,
der recht hatte, als er,
"ein einzelner, der nichts machen kann",
genau wie wir,
an der Veränderung aller Zustände
arbeitete und darüber zugrunde ging.
An ihm messend, erkenne ich,
wie unsere Intelligenz verkrüppelt,
unsere Phantasie erstickt,
unsere Anstrengung vertan ist,
weil wir nicht leben, wie er lebte.
Jeden Tag habe ich Angst,
daß er umsonst gestorben ist,
weil er in unseren Kirchen verscharrt ist,
weil wir seine Revolution verraten haben
in Gehorsam und Angst vor den Behörden.
Ich glaube an Jesus Christus,
der aufersteht in unser Leben,
daß wir frei werden
von Vorurteilen und Anmaßung,
von Angst und Haß
und seine Revolution weitertreiben,
auf sein Reich hin.

Dorothee Sölle
in: Heinz G. Schmidt (Hg.), Zum Gottesdienst morgen, Jugenddienst-Verlag, Wuppertal 1969, 213

*Dorothee Sölle, Professorin für evangelische Theologie, schrieb das Glaubensbekenntnis für ein „politisches Nachtgebet" in Köln 1968 zur Zeit der Studentenbewegung und des politischen Aufbruchs in der Kirche. Sie tritt für eine politische Theologie ein, die Jesus als Anwalt der leidenden Menschen und als Stellvertreter des in dieser Welt abwesenden Gottes versteht.*

*Kurt Marti, Schweizer Pfarrer und Schriftsteller:*
Derselbe, der er auch für die Verfasser der Evangelien war: ein Wander-Radikaler, dessen Lebensweise eine fast hundertprozentig andere war als – zum Beispiel – die meine; ein Jude, der inspirierte und einzigartige Sätze sagte; ein Jude, der aus der alttestamentlichen Tradition überraschende und universal gültige Schlüsse zog; ein Heiler körperlicher Leiden; ein freier Mensch, stolz gegenüber Mächtigen, liebevoll gegenüber Machtlosen und Verachteten; ein Mann, der männlich genug war, um das Weibliche in sich nicht verdrängen zu müssen; ein Emanzipator der Frauen; ein Hinführer, sogar Verführer zum Leben, deswegen hingerichtet, deswegen auferstanden.

Kurt Marti, O Gott! Essays und Meditationen, Radius Verlag, Stuttgart 1986.

---

*Im Jahre 1967 entstand die Düsseldorfer Erklärung der Bekenntnisbewegung „Kein anderes Evangelium".*

„... Wir bekennen das Evangelium, daß der ewige Sohn Gottes in dem geschichtlichen Jesus von Nazareth Mensch wurde und zugleich Gott blieb. Wir bekennen das Evangelium, daß der Sohn Gottes uns seinen Vater als unseren Schöpfer und als unseren Vater offenbart.
Es muß daher die falsche Lehre verworfen werden, Jesus sei nur bloßer Mensch, und wir könnten auch ohne den Glauben an den Sohn Gottes wissen, wer Gott ist...
Wir bekennen das Evangelium, daß Jesus Christus stellvertretend für uns und für die ganze Welt am Kreuz die Strafe für all unsere Sünden gelitten und damit alle unsere Schuld gesühnt hat.
Es muß daher die falsche Lehre verworfen werden, Jesus habe sich nicht bewußt für uns geopfert... und es dürfte die Verkündigung vom Sühnetod als eine zeitgebundene Einkleidung der Heilsbotschaft verstanden werden...
Wir bekennen das Evangelium, daß Gott den am Kreuz gestorbenen Jesus von den Toten leiblich auferweckt und zum Herrn erhöht hat.
Es muß daher die falsche Lehre verworfen werden, Jesu Leib sei verwest, er sei nur geistig auferstanden und lebe nur unpersönlich in seinem Wort weiter..."

zitiert nach: H. Steubing (Hg.), Bekenntnisse der Kirche. Bekenntnistexte aus 20 Jahrhunderten, R. Brockhaus Verlag Wuppertal 1970, 310-312

## Glaubensbekenntnis aus den Philippinen

Ich glaube, daß Christus Gottes Opfer für die Menschen ist.
Er sprach die Wahrheit, um den Unterdrückten die Augen zu öffnen.
Die Mächte der Zeit fürchteten ihn, klagten ihn an,
Er wurde verhaftet und gefoltert von Soldaten, auf Pilatus' Befehl.

Ich glaube, daß unser Land – wie Christus – auch gekreuzigt wird,
Von den Ausländern, die die Kontrolle behalten wollen über unser Leben, unsere Reichtümer und unsere Nation.
Die gierigen Besatzungsmächte behandeln unser Volk wie Sklaven.
Wir fürchten ihre Militärbasen, denn sie können Zerstörung bedeuten.
Ich glaube, daß unser Land von den wenigen gekreuzigt wird,
Die reich sind und alle Macht in ihren Händen halten.
Sie beuten ihre Landsleute aus, sie respektieren die Menschenrechte nicht.
Sie werden nicht zögern, Waffen zu gebrauchen, ihr Militär und jede Form von Gewalt.

Ich glaube, daß Jesus von den Toten auferstanden ist.
Das wird auch den Unterdrückten widerfahren.
Sie werden aufstehen, sie werden Träume träumen. Alle werden kämpfen.

aus: Mary Rosario Battung u.a. (Hrsg.), Theologie des Kampfes, Christliche Nachfolgepraxis in den Philippinen, edition liberacion, Münster 1989, S. 69.

**Aufgabe**

- Welche der zitierten Bekenntnisaussagen haben Sie am meisten beeindruckt? Welchen könnten Sie spontan zustimmen?
- Welche der Aussagen decken sich mit der Jesusüberlieferung des Neuen Testaments? In welchen werden neue Fragen aufgenommen und welche?
- Welche Bedeutung hat Jesus für den jeweiligen Autor der Bekenntnisse?

„Auch noch adelig, der Bursche: J. von Nazareth! Aber die adeligen Sozis sind ja meist die schlimmsten."

Zeichnung: Deutsches Allgemeines Sonntagsblatt/Wolter.

## *Christologische Kriterien zur Beurteilung von Jesus-Deutungen*

1. Kriterium: Jesus gehört nicht nur den Kirchen, auch nicht nur den Christen. Seit der Aufklärungszeit gibt es neben den kirchlichen Christusbekenntnissen und -lehraussagen auch ernstzunehmende außerkirchliche Jesus-Deutungen.
2. Kriterium: Übereinstimmendes Merkmal aller bedeutsamen modernen Jesus-Deutungen – der kirchlich-dogmatischen und der humanistischen – liegt darin, daß Jesus die zentrale Rolle für den christlichen Glauben spielt.
3. Kriterium: Wo von Jesus geredet wird, muß man bereit sein, sich mit der biblischen Botschaft von ihm und der seitherigen christologischen Sprachüberlieferung auseinanderzusetzen und die Eigenart der Quellen zu berücksichtigen.
4. Kriterium: Wenn Jesus als der Christus die konkrete Beziehung des Menschen zu Gott erschlossen hat, dann muß in der Christologie auch vom gegenwärtigen Menschen, seinen Fragen, seelischen Nöten und körperlichen Leiden, von seinen Gefühlen, Hoffnungen und Enttäuschungen, von seinen Fähigkeiten, Erfolgen und Niederlagen gesprochen werden.
5. Kriterium: Wo von Jesus geredet wird, da muß auch von Gott geredet werden, auf den sich Jesus im Leben und im Sterben berufen hat und in dessen Namen er Sünden vergeben und erfülltes Leben gegeben hat.
6. Kriterium: Jede christologische Aussage darf die zweifache Grenze nicht überschreiten: daß der Christus den Menschen Jesus verschlingt (Doketismus) und daß der Mensch Jesus den Christus erübrigt (Ebionitismus). In der Christologie geht es um die Präsenz Gottes durch den und in dem Menschen Jesus von Nazareth.

(in Anlehnung an U. Gerber)

# 32 TRADITIONELLE CHRISTOLOGISCHE MODELLE

*„Heißt das nun gläubig oder nicht gläubig sein? Ich weiß es nicht. Die Worte Jesu sind für mich jedenfalls wesentlich..."*

*Denys Arcand*

Der Regisseur des Filmes „Jesus von Montreal" Denys Arcand formuliert mit diesen Worten (vgl. Interview Seite 7) verschlüsselt die christologische Grundfrage:

Inwiefern erfahren wir den damaligen Jesus von Nazareth als **unseren** Christus, der **unser** Leben in seinen Höhen und Tiefen zu bestimmen vermag? Was berechtigte die erste Gemeinde, die Kirche, und was berechtigt uns heute, diesen Jesus als den Christus Gottes und der Menschen und die von ihm vertretenen, verwirklichten und verheißenen Werte als Hilfe und Orientierung für uns zu verstehen? Inwiefern kann Jesus als eine Person gelten, die unser Leben, Handeln, Fühlen und Denken zu bestimmen vermag?

Biblische Textauslegung konnte aufweisen, daß Jesus in der Gewißheit auftrat, Gottes Willen zu kennen und zu tun (vgl. S. 14 f.). Auf Grund dieser Einheit mit Gott als dem Vater nannte man ihn Gottes Sohn. Es läßt sich leicht nachzeichnen, daß und wie dieser Jesus seit seinem Erdenleben immer mehr zu einem übermenschlichen Himmelswesen gemacht wurde. So hat man sich das Christus-Sein Jesu bei den ersten Christen, die geborene Juden waren, noch wesentlich irdischer und menschlicher vorgestellt als in den späteren Gemeinden, die sich aus Griechen, Kleinasiaten und Römern zusammensetzten. Dort wurde Jesus problemlos als gottgleicher Herr (= Kyrios) verehrt.

Man kann diese beiden Anschauungen schematisch darstellen (U. Gerber, R. Mack, D. Volpert, Jesus von Nazareth – Jesus Christus. Fernstudium für ev. Religionslehrer an berufsbildenden Schulen, Studieneinheit 10/8 des Deutschen Instituts für Fernstudien, Tübingen 1980, S. 10:

**1. Modell**

**2. Modell**

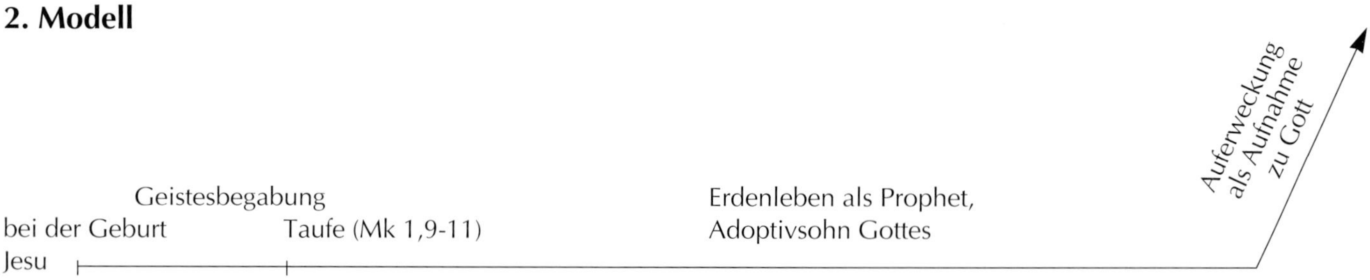


**1. Modell**

Die Einheit von Gott dem Vater und seinem Sohn Jesus ist eine wesensmäßige, substantielle: Mit der Fleischwerdung (= Inkarnation) nimmt der von Ewigkeit her mit Gott dem Vater lebende Jesus Christus als Gottessohn (= göttliche Natur) ein menschliches „Wesen" (= menschliche Natur) an (= Zwei-Naturen-Lehre der alten Kirche). Das Subjekt dieses Gott-Menschen ist nach Joh 1,14 das Wort (= Logos) Gottes. Man spricht deswegen auch von Logos-Christologie, wonach das Wort Gottes Fleisch wurde in Jesus von Nazareth. Diese Christologie stammt aus hellenistisch geprägten Gemeinden.

Man hat auch von Inkarnationschristologie oder Deszenzchristologie (Deszendenz = Herabkunft vom Vater) gesprochen. In dieser christologischen Vorstellung kann sich schnell die Fehlinterpretation Jesu als des Christus einschleichen, daß der vom Vater herabkommende Jesus Christus sich gar nicht vollkommen mit dem menschlichen Fleisch verbunden, identifiziert hat. Man sagt dann, der Gottessohn habe das menschliche Fleisch nur als „Hülle" getragen, als er auf Erden lebte. Man spricht dann von Doketismus (dokein griech. = scheinen, also „Scheinleib"-Vorstellung). Der Christus-Gottessohn verschlingt in diesem Fall ganz den Menschen Jesus, so daß das Erdenleben des Erlösers letztlich uninteressant, ja sogar irrelevant wird.

**2. Modell**

Im Judenchristentum stellte man sich die Einheit von Gott und Jesus nicht substantiell (metaphysisch, übermenschlich) vor, sondern mehr ethisch als willensmäßige Einheit. Mit der Taufe im Jordan legt Gott seinen Geist (in der Symbolgestalt einer Taube) auf diesen Jesus und adoptiert ihn so zu seinem Sohn, »Du bist mein lieber Sohn, an dir habe ich Wohlgefallen« (Mk 1,9-11). Man spricht von adoptianischer Christologie. (Manche datieren die Adoption als Geistbegabung zurück auf die Geburt.)

Diese sogenannte adoptianische Christologie kann zu der Fehlinterpretation von Person und Werk Jesu Christi führen, daß Jesus letztlich ein wenn auch ausgezeichneter, so doch nur ein Mensch ohne „Göttlichkeit" war. Im Judentum wollte man die Verehrung des einen einzigen Gottes (= Monotheismus) beibehalten und konnte Jesus nicht als einen „zweiten Gott", auch nicht als Gottes-Sohn verehren. Übernatürliche Geburt des Erlösers, Präexistenz und substantielle Göttlichkeit (= göttliche Natur als Logos) werden hier abgelehnt: Jesus wird Gottes Sohn durch die Geistverleihung bei der Taufe (oder schon bei der Geburt); er erfüllt das Gesetz Gottes bis zum Gehorsam am Kreuz; als Prophet ist er ein zu gottähnlicher Würde erhobener Mensch. Im Vordergrund steht der gehorsame Knecht Gottes (ebjon hebr. = armer Mensch, Knecht; deswegen bezeichnet man die völlige Vermenschlichung Jesu auch als Ebionitismus). Hier droht der Jesus den Christus zu verschlingen bzw. zu erübrigen.

*Ersttagsbrief der Deutschen Bundespost „Geburt Christi" von Martin Schongauer*

**Aufgabe**

- Welchem der beiden oben beschriebenen „Modelle" würden Sie die modernen christologischen Aussagen Seite 50-51 jeweils zuordnen?
- In welchem der beiden christologischen „Modelle" haben Weihnachten und die Motive der Weihnachtsbriefmarken ihren „festen Platz"?
- Vergleichen Sie dazu auch Lk 1,26ff, 2 mit Mk 1 und notieren Sie das Ergebnis Ihrer Beobachtung.

# 33 FRÜHCHRISTLICHE BEKENNTNISSE

## *Das Trinitätsdogma des Konzils von Nicäa 325 n.Chr.*

Das erste eigentliche Dogma der Kirche, das dann auch bis in die Neuzeit hinein Bestand hatte, war die Lehre von der Dreieinigkeit (Trinität) Gottes. Mit Hilfe der Denkvorstellungen der griechischen Philosophie (vor allem des großen vorchristlichen Philosophen Aristoteles) wurde das Verhältnis Jesu zu Gott begrifflich festgelegt. „Gott" wurde als „Gattung" gedeutet (ähnlich der Gattung „Mensch" oder der Gattung „Pflanze"), die in sich selbst sehr vielfältig sein kann. Die eine Gattung Gott zeige sich im Akt der Selbstmitteilung an die Welt in drei verschiedenen Ausformungen, „Personen" genannt. Person darf hier nicht im modernen Sinne als selbständiges Einzelwesen verstanden werden, sondern mit ihr ist der typische Rollenträger gemeint in der ursprünglichen Bedeutung des lateinischen Wortes „persona" = „Schauspielmaske". Die Person verkörpert eine bestimmte Rolle und spielt sie. In diesem Sinne bilden Vater, Sohn und Heiliger Geist dem Wesen, d.h. hier: der Gattung nach den einen Gott (nicht drei Götter!). Das zu lösende Problem lautete: Wie kann der Christ zu Jesus beten, ohne in ihm einen zweiten Gott neben Gottvater zu sehen? Denn dies wäre ja ein Rückfall in die heidnische Vielgötterei gewesen! So war das Trinitätsdogma des Konzils von Nicäa (325 n.Chr.) für Christen zur damaligen Zeit eine befriedigende Antwort. (vgl. Ikone Seite 55)

## *Die Zweinaturenlehre auf dem Konzil von Chalcedon 451 n.Chr.*

Ein anderes kirchliches Dogma suchte Antwort auf die noch offen gebliebene Frage: Wie verhält sich in der Gestalt Jesu die göttliche Seite zur menschlichen? Die Einigung einer kirchlichen Mehrheit nach einem langen Streit lautete: die eine Person Jesu (als eine der drei Ausformungen der Gattung Gott) schließt zwei Naturen in sich, nämlich eine menschliche und eine göttliche. Beide Naturen wirken in vollkommener Harmonie zusammen. Sie bestehen jedoch unvermischt und unveränderlich nebeneinander. Jesus ist wahrer Mensch und wahrer Gott zugleich. Wie schon bei der Dreieinigkeitslehre, so konnte auch bei der Zweinaturenlehre das eigentliche Geheimnis der Person Jesu nur begrifflich umschrieben, aber nicht erklärt werden. Das praktische Anliegen der damaligen Christen war berücksichtigt: Man konnte in Jesus zugleich das menschliche Vorbild und den göttlichen Erlöser sehen. Man durfte seine Mutter Maria „Gottesmutter" („Gottesgebärin") nennen und zu ihr rufen. Dies war im Orient wichtig, wo es schon lange in den Religionen vom Volk geliebte „Gottesmütter" gab! Man durfte hoffen, daß durch die gottmenschliche Verbindung die menschliche Natur von der Vergänglichkeit und Todverfallenheit erlöst wurde. (Die tiefste Sehnsucht der spätantiken Menschen richtete sich auf die Unsterblichkeit und die Überwindung der verweslichen Materie!) So lautete der entsprechende Satz im Nizänischen Glaubensbekenntnis: „Gott von Gott, Licht vom Licht, wahrhaftiger Gott vom wahrhaftigen Gott, geboren, nicht geschaffen, mit dem Vater eines Wesens."

Solche Formeln waren nicht nur intellektuelles Gedankenspiel der Theologen. Dies zeigt der Bericht eines damaligen Zeitgenossen: „Alles ist voller Leute, die von unbegreiflichen Dingen reden, in Hütten, Straßen, Palästen, auf Märkten und Kreuzwegen. Erkundige ich mich, wie viel ich zu zahlen habe, antworten sie mit Begriffbestimmungen über 'geboren' und 'ungeboren'. Wünsche ich den Preis eines Brotes zu erfahren, so antwortet einer: Der Vater sei größer als der Sohn. Ich frage, ob mein Bad schon fertig sei, da heißt es: Der Sohn ist aus dem Nichts erschaffen worden!"

Die sogenannten altkirchlichen Dogmen galten lange Zeit als unumstößlich. Noch Luther konnte in einer Predigt sagen: „Maria säugt Gott...; Maria wiegt Gott...; wäscht man's (das Kindlein), so heißt's Gott gewaschen und umgekehrt..."

Erst die Aufklärung im 18. und 19. Jahrhundert übte tiefgreifende Kritik am Dogma und fragte zurück nach dem Menschen Jesus. Es begann die sogenannte „Leben-Jesu-Forschung". (vgl. S. 8-11).

Im 20. Jahrhundert gewann die Theologie mit Hilfe formgeschichtlicher, literatur-kritischer und historisch-kritischer Auslegungsmethoden ein Bild des geschichtlichen Jesus, wie es heute allgemein anerkannt ist (vgl. Kap. 7).

## *Heutige Aussagen zur Trinität*

Theologen der Gegenwart sehen in der Lehre von der Vergottung Jesu den Ausdruck seiner Einzigartigkeit: Im menschenfreundlichen Wirken Jesu auf Erden ist Gott selbst in der ihm eigenen Menschenfreundlichkeit ganz da; Jesus ist also „ganz Gott", aber er ist nicht „das Ganze Gottes". Die Trinitätslehre setzt deswegen auch nicht Jesus einfach mit Gott gleich, sondern schließt ihn in Gott ein.

So folgert z.B. Jürgen Moltmann, daß Gott ein in sich selber kommunikativer, ein „sozialer", „demokratischer" Gott sei, und eben kein einsamer, ungeselliger Despot. Nicht „ich-haft", sondern „wir-haft" steht er seiner Schöpfung gegenüber.

Darum entspricht einem sozialen, trinitarischen Gott keine gesellschaftliche Ordnung oder gar Kirche, die auf Autorität und Gehorsam pocht und hierarchische Strukturen aufweist, sondern eine solche, die auf Dialog und herrschaftsfreie Kommunikation hin angelegt ist (vgl. J. Moltmann, Trinität und Reich Gottes. Zur Gotteslehre, München 1980).

Die russische Ikone Otečestvo (Vaterschaft) stellt das christliche Dogma der Trinität dar.

14. Jh., Nowgoroder Schule (113 x 88 cm)

**Zum Gespräch:**

- Wie wirkt die Ikone auf Sie?
- Vergleichen Sie diese mit der modernen „Ikonenwand" (Mural - Graffito) in einem Armenviertel in Los Angeles, Seite 3.

# DAS NIZÄNISCHE GLAUBENSBEKENNTNIS

Wir glauben an den einen Gott,
den Vater, den Allmächtigen,
der alles geschaffen hat, Himmel und Erde,
die sichtbare und die unsichtbare Welt.
Und an den einen Herrn Jesus Christus,
Gottes eingeborenen Sohn,
aus dem Vater geboren vor aller Zeit:
Gott von Gott, Licht vom Licht,
wahrer Gott vom wahren Gott,
gezeugt, nicht geschaffen,
eines Wesens mit dem Vater;
durch ihn ist alles geschaffen.
Für uns Menschen und zu unserem Heil
ist er vom Himmel gekommen,
hat Fleisch angenommen,
durch den Heiligen Geist
von der Jungfrau Maria
und ist Mensch geworden.
Er wurde für uns gekreuzigt
unter Pontius Pilatus,
hat gelitten und ist begraben worden,
ist am dritten Tage auferstanden
nach der Schrift
und aufgefahren in den Himmel.
Er sitzt zur Rechten des Vaters
und wird wiederkommen in Herrlichkeit,
zu richten die Lebenden und die Toten;
seiner Herrschaft wird kein Ende sein.
Wir glauben an den Heiligen Geist,
der Herr ist und lebendig macht,
der aus dem Vater und dem Sohn hervorgeht,
der mit dem Vater und dem Sohn angebetet
und verherrlicht wird,
der gesprochen hat durch die Propheten,
und die eine, heilige,
allgemeine, apostolische Kirche.
Wir bekennen die eine Taufe
zur Vergebung der Sünden.
Wir erwarten die Auferstehung der Toten
und das Leben der kommenden Welt.
Amen.

Dieses Bekenntnis ist das eigentlich ökumenische Glaubensbekenntnis, weil es, im Unterschied zum Apostolischen Glaubensbekenntnis der christlichen Kirche des Abendlandes, auch in der Ostkirche gilt.